U0963903

谁在统治英国？

政党操弄与权力真相

TORY NATION

How one party took over

[英] 塞缪尔·厄尔◎著

杜小林◎译

当代世界出版社

THE CONTEMPORARY WORLD PRESS

Copyright © 2023 by Samuel Earle
版权登记号：图字 01-2025-0362 号

图书在版编目（CIP）数据

谁在统治英国？：政党操弄与权力真相 /（英）塞缪尔·厄尔著；杜小林译 . -- 北京：当代世界出版社，2025.1. --ISBN 978-7-5090-1881-1

Ⅰ. D756.164

中国国家版本馆 CIP 数据核字第 2024T3S079 号

书　　名：谁在统治英国？：政党操弄与权力真相
作　　者：［英］塞缪尔·厄尔
译　　者：杜小林
出 品 人：李双伍
监　　制：吕　辉
责任编辑：孙　真
出版发行：当代世界出版社
地　　址：北京市东城区地安门东大街 70-9 号
邮　　编：100009
邮　　箱：ddsjchubanshe@163.com
编务电话：（010）83907528
　　　　　（010）83908410 转 804
发行电话：（010）83908410 转 812
传　　真：（010）83908410 转 806
经　　销：新华书店
印　　刷：北京汇瑞嘉合文化发展有限公司
开　　本：710 毫米 ×1000 毫米　1/16
印　　张：16.25
字　　数：182 千字
版　　次：2025 年 1 月第 1 版
印　　次：2025 年 1 月第 1 次
书　　号：ISBN 978-7-5090-1881-1
定　　价：68.00 元

法律顾问：北京市东卫律师事务所 钱汪龙律师团队（010）65542827
版权所有，翻印必究；未经许可，不得转载。

“在某些人看来，本书内容是一种严厉的批判，而从一贯尊重对手的角度，也可看作是对那些致力于维护资本主义世界安全的人的承认，承认他们富有远见、手法灵活、老练狠辣、坚定不移。”

——阿兰达蒂·罗伊[①]，2014年

① 阿兰达蒂·罗伊（Arundhati Roy，1961—），印度知名女作家、社会活动家和左派知识分子，发表多部有影响力的小说和政论文章，呼吁实现社会公正和平等。2014年被英国《展望》杂志评为当年全球最有影响力前十位的思想家。

目录

引　言

2019 年 12 月 13 日，英国刚当选的首相鲍里斯・约翰逊迎来了“新黎明”。保守党获得自 1987 年以来最大的议会多数，赢得近 50 个新议席，其中包括许多“红墙”内议席，即英格兰北部和中部、传统上属于工党地盘的工人阶级选区席位。约翰逊和他的保守党同僚们欢欣鼓舞，《每日邮报》头版大标题“嗨起来！”概括了这种情绪。

约翰逊不过是做了大多数保守党领袖都做的事——赢得选举。在漫长曲折的 200 多年历史中，19 位不同领袖带领保守党参选，只有四位输掉选举，其余都赢了，有的还获胜不止一次。保守党在大约三分之二的时间里执政，这一胜利纪录为保守党赢得“世界上最成功政党”的绰号。从许多方面来看，保守党也是世界上最老的政党之一，其根源溯及至 17 世纪出现的托利党人政治派别，19 世纪 30 年代开始以保守党面目示人。

保守党的对手大部分时间只能作为反对党而存在。工党 1906 年正式成立并给保守党带来真正的挑战，自那以后，工党 19 位领袖中只有四位赢得过选举（其中三位工党议席过半数），过去 70 年里只有两位，过去 40 年里只有一位，[①] 那就是托尼・布莱尔这个最

① 本书英文原著出版于 2023 年，作者完稿时间在 2022 年底，故未考虑 2024 年大选工党上台、斯塔默任首相的情况。

成功、也是最像保守党人的工党领导人。2005 年在布莱尔连续第三次赢得选举时，《经济学人》画龙点睛地评论：“最好的中右选择是存在的”。不算布莱尔的胜利，工党在过去 100 多年中只执政了 18 年，其余时间都是保守党单独或以联合方式执政。

在一个以自由民主为傲的国家，且民调一向表明，民众高度支持保障公共服务财政资金、对财富再分配、捍卫国民医疗服务体系等做法，保守党却对此口是心非甚至反其道而行之，但其仍能长期拥有统治地位，这是否应引起我们的警觉？起码，是否应将保守党影响力作为一个严肃问题认真予以分析和解剖：保守党为什么能长期拥有这样大的权力？这究竟是一个什么样的政党？对我们意味着什么？

保守党的成功之所以引人注目，不仅因其历史悠久，还因人们对其成功安之若素、见怪不怪。通常，保守党每一次胜利，或因经济好坏、保守党领袖精明、对手工党候选人软弱等特定外在因素，或因保守党“固有”特性符合当前需要，如“能干”“稳定”“团结”“实用主义”等。人们说托利党人[①]就是擅长赢得选举，对托利党长期统治并不在意，没有多少人质疑这是否民主。

纵观保守党历史，“稳定”这个词反复出现，保守党始终承诺，不会让世界发生大的变化，明天看起来会和今天差不多。他们有可靠双手，能够提供延续性、胜任能力和健全财政，确保国家平稳运行。保守派哲学家迈克尔·奥克肖特[②]曾说：“如果我必

① 今天英国人仍常用托利党代指保守党，用托利或托利党人代指保守党人，本书中作者也常常混用保守党和托利党这两个名称。这些名称的来源详见第一章。

② 迈克尔·奥克肖特（Michael Oakeshott，1901—1990），英国哲学家和政治学家。

须投票，会投向给社会带来最小伤害的党，从这点说我是一个保守党人。”罗伯特·皮尔[1]1834年在《塔姆沃斯宣言》中表明，保守党成立的宗旨就是阻止英国陷入“永远动荡不安的漩涡”。大约同一时期，辉格党[2]主要政治家托马斯·麦考利将保守党形容为“不可或缺的压舱石，否则暴风雨中就无安全可言”。

但近年来，保守党人看起来更像风暴本身。他们实行紧缩政策，推动英国脱欧，灾难性地应对新冠疫情；他们煽动分裂，攻击司法机构，勾搭极右派，七年内五换领袖，有的被一夜推翻；为达目的，他们毫不顾忌是否影响国家稳定，已成为混乱的代名词，关于他们的新闻充满魔幻和超现实色彩。保守党已让英国脱离锚定根基，几陷经济于毁灭性循环，很难再让人相信它是最无伤害性的政党，甚至史上一贯标榜的爱国主义、伟大英国这些保守党核心品牌，现在也受到质疑。人们在问，保守党怎么了？随着托利马戏的上演，随着政策、人事和经济悲观预测的无休止轮转，越来越多保守党人担心，他们亲爱的老党正在将他们亲爱的古国变成笑柄。

保守党成为人人喊打的过街老鼠，而多数媒体将批评集中于该党领袖，这种处理方式从几方面有利于保守党。首先，通过把每位新任领袖描绘成反常或异类，让前任得以维持良好声誉。如对莉兹·特拉斯首相任期的贬低，抬高了卡梅伦、梅和约翰逊，

① 罗伯特·皮尔（Robert Peel，1788—1850），英国政治家，保守党领袖，1834—1835年、1841—1846年两次出任首相，于1834年通过发表《塔姆沃斯宣言》正式建立保守党。

② 辉格党，17至19世纪作为托利党或保守党的对立面而存在，详见第一章内容。

让其看起来像模范政治家，能够胜任和维持稳定，而非造成当前灾难的同谋。这样约翰逊就有资格在接替自己的特拉斯任首相仅一个多月后，提出新的领袖人选。当里希·苏纳克即将成为首相时，《每日电讯报》记者蒂姆·斯坦利评论说："许多人会慢慢发现莉兹是更人性化、更可爱的首相之一。"其次，通过将每位即将离任的领导人都说成是异类，保守党避免了面对更黑暗的真相：这些领袖根本不是异类，而是符合保守党范式的正统。正如本书将展示的，温文尔雅及字面意义的保守，只占保守党正统中的一小部分，更多的是狂飙突进、自私自利和横冲直撞。

聚焦于领袖个人还分散了对政党政策的关注，政策才是更具破坏性的。从卡梅伦开始的每任首相都持续推进紧缩政策，使公共服务捉襟见肘、严重匮乏，英国成为发达国家中福利最吝啬、服务最糟糕的国家之一，导致自拿破仑战争以来最长时间的工资增长停滞，很多人工资不增反降，人均预期寿命下降，儿童贫困率飙升。在保守党统治下，人们生活更不堪、更贫穷、更残酷，寿命变得更短暂。这些都无迹象缓解，保守党也不打算改弦更张，但仍能得到支持、捐款和盟友，说明保守党自身性质和政策影响远大于任何领导人的个人影响。

本书历史和客观地分析保守党的发展和成功，从政治和文化两方面认识保守主义的内涵。一般说来，政党因有清晰明确、前后一致的主张和良好可靠声誉而受益，但保守党的兴盛，既缘于一致性，又因其矛盾性。保守党既是全民党，又是大商人党；既是建制派，又有民粹色彩；精英教育与反智主义同在；维护传统与追求进步并行；尊崇维多利亚时代的价值观，却处处体现贪婪；

既讲民族主义，又讲全球化；以“小英格兰”为傲，却追求“全球性英国”。在这些矛盾对立中，保守党人和保守主义总能不断获胜，究竟是怎么做到的？

保守党执政成就糟糕，却总能赢得选举，这一矛盾现象是英国政治重大谜团之一。本书致力于破解这一谜团。这既同议会政治有关，也同特定领导人的立场、所代表利益和个性有关，还涉及英国文化特性、历史和民主进程，媒体对保守党的偏爱，以及工党的难有作为。不是说工党永远赢不了，而是出于种种原因，工党赢得选举比保守党难得多，工党领导人胜选门槛远高于保守党领导人。而且，即便工党偶尔胜选，也会按保守党设定的框架执政。

善于保住权力、能从看似致命的失败中反弹，是保守党的根本特质。两个多世纪以来，保守党已成为令人敬畏、不断变形、赢得选举的机器，能够克服不利条件、与时俱进地发展自己。在这一过程中，托利党人对民主心怀恐惧，但又扩大了普选权；全力拥抱自由市场，又赞同全民性行业的公有制；倡导自由主义，又限制民权；让英国加入欧盟，又狂热地寻求退出；曾禁止同性恋行为，又引入同性恋婚姻；煽动仇外情绪，又任命了西方国家中最为种族多元化的政府。保守党的矛盾和多样性也体现在过去百十年产生了差异极大的领袖。19 世纪中期首相本杰明·迪斯雷利是中产阶级犹太文人之子，20 世纪初亚瑟·贝尔福从贵族舅舅手中继承首相之职，20 世纪 60 年代首相霍姆已经是第 14 代的霍姆伯爵，70 年代末首相玛格丽特·撒切尔是小店主之女，90 年代首相约翰·梅杰是工人阶级出身的马戏团演员之子，21 世纪的卡梅伦和约翰逊则都是伊顿公学[①]毕业生、都与王室沾亲带故，里希·苏纳克是英国第一位非白人首相。

也许保守党最大的历史成就，是得到工人阶级的持续支持。虽然保守党在根儿上同英国统治阶级密不可分，早就获得富人政党名声，但其支持基础远比想象的广泛。保守党人一直尽力将自身利益同整个民族的价值观和梦想等同起来，用遵循传统和爱国主义光环来掩盖其特权。早在1867年，保守党战略家和政治家约翰·戈斯特就开始研究如何“让民众接受保守党原则”。他们的做法奏效了，至少三分之一的工人阶级选民常态化支持保守党，在英国公投脱欧后的两次大选中，这一比例更是接近一半。

为争取选民支持，保守党打造了三个彼此不同又相互强化的属性，一是确保国家伟大和稳定的爱国党，二是促进自由和经济发展的繁荣党，三是致力消除移民、少数族群和左派等“外来”威胁的国民党。保守党“三线并进”，掩盖其统治阶级根脉，从情感和道德、理性和经济、个人和集体等多个层面，回应民众担忧，承诺满足他们的期待和对公平的渴望，增加自身的吸引力。不一定要兑现承诺，要紧的是，与这些承诺密切相关的是保守党而非其他党。上述三个属性已汇聚成一个回荡在历史上的战斗号角：为了强大繁荣的经济和自豪稳定的社会，投票保守党，否则受害的是自己。

在西方民主国家中，没有一个政党像保守党那样对国家特性、习俗和历史产生重大、持久而又自然的影响，同时还能将对手

① 伊顿公学，英国著名精英私校，实行住宿制，学费昂贵，培养出大批政治经济社会精英。

塑造成外来侵入者。从工党作为一支有生政治力量出现的那一刻起，托利党及其盟友和伙伴就质疑工党执政资格。比阿特丽斯·韦伯[①]1923年抱怨说："资本主义媒体报道的不是保守党就是自由党，工党好像不存在，如果出现，也是一群没有头脑、不名一文、桀骜不驯的极端分子。"受媒体启发，托利党人干脆称他们为"社会主义者"。当前的工党领袖基尔·斯塔默有上流阶层头衔，他也努力讨好托利党人，但仍被托利党称为要破坏英国的、可怕的激进分子。他们又嘲讽斯塔默软弱无能，特拉斯竞选保守党领袖时，称斯塔默为"塑料花爱国者"，好像只有托利党人才是真正的爱国者。

保守党对英国历史和国民特性的影响超乎寻常，当然与该党长期执政密切相关。如果说保守党执政时间达到三分之二，某种程度上可以说英国三分之二的历史是保守党的历史。保守党前领袖霍华德[②]2004年专门说过："保守党深知该党历史在很大程度上也是英国历史。"通过这种合并认知，英国的历史辉煌也成为保守党的辉煌和贡献：征服四分之一的世界，领导第一次工业革命，赢得两次世界大战，将英语传播到全球，等等。

他们用大不列颠这个概念来体现英国的历史和身份。大不列颠可以指一个岛屿（或群岛）、一个国家、一个民族或四个国家（民族）的集合体。在联合王国旗帜和"一个英国"口号下，保守党声称代表所有四个组成部分：英格兰、苏格兰、威尔士和北爱尔兰。但四部分之间有历史性矛盾。保守党及其前身托利党支持

① 比阿特丽斯·韦伯（Beatrice Webb，1858—1943），英国费边社创始人之一，社会学家、劳工运动活动家和史学家，详见第七章内容。

② 迈克尔·霍华德（Michael Howard，1941— ），英国保守党政治人物，2003年至2005年任保守党领袖，2010年后成为上院议员。

基础主要在英格兰，英格兰南部是该党的“死忠”，1910年其四分之三以上议席都来自曼彻斯特以南地区。与此同时，该党又称自己为“统一党”（保守党全称为“保守与统一党”，简称保守党），愿用“托利党国”（Tory Nation）来称整个英国。威尔士、苏格兰和北爱尔兰三个地区总体上并不支持保守党，但仍在接受托利党国的统治。保守党将保持英国统一作为自身的成就，并声称，因为统一，英国才“伟大”，托利党国才能存在。

保守党除了宣扬自身功劳，还企图将对手取得的成就据为己有，以期更多地垄断英国的历史和身份。废除奴隶制，给予妇女和工人阶级普选权，解散大英帝国，接受战区难民（如二战爆发前夕营救德国、奥地利犹太孩童到英国避难）和创建国民医疗服务体系等历史性成就，当初都是克服了托利党人各种各样的阻力才取得的，如今他们却将其视为自己的成就加以庆祝，并称这证明了英国和保守党的睿智大度。

本书除讲托利党自身，还讲到，在历史进程中，该党如何不顾一切、千方百计地利用各种有利因素来打压异己，维护其所代表的利益，推动英国向托利党国方向发展。英国建制派由政府、议会、舰队街[①]、金融城[②]、王室、军队等权力机构组成，它们是既得利益者和广义的统治阶级，即便保守党暂时失去执政地位，仍能通过各种渠道与建制派一起维护托利党国稳定。托利党国的范围大于建制派，是一种按保守主义路线塑造和定义的，包含历史、

① 舰队街代指英国媒体，历史上媒体一度集中于伦敦的舰队街（Fleet Street）。

② 金融城（the City），指伦敦金融城，是大伦敦市下属33个区中的一个，高度自治，位于伦敦市中心，面积约一平方英里。因这里集中了众多的金融机构，故用伦敦金融城代指英国金融界。后来兴起的伦敦金丝雀码头商业区被称为第二金融城。

文化和特性在内的大不列颠国家现实和愿景，它决定谁能“当选”，以及英国该搞什么样的政治，并且通过真假参半的叙事，让英国以如下形象闻名于世：社会非常稳定，历史较少动荡，体制高度延续，统治者睿智开明，人民圣洁坚韧，本能地看重传统和常识，而非左翼抽象理想。

即便这一托利党国愿景已显露瓦解迹象，很多人仍对其心有所属。世上鲜有国家能为其公民提供这样踏实、永久的身份认同，一个感觉自己回到创世之初的机会，就像薇拉·林恩[①]曾经唱的，相信“英格兰永恒”。进入21世纪，英国体制中那些不可或缺的组成部分已经存在了半个千年甚至更久：议会上院大体可追溯到700多年前，按某些标准则可能更早；精英寄宿学校伊顿公学，1440年成立后培养了三分之一的英国首相；牛津大学起源于1096年，产出了一半的英国首相；作为国家象征的王室真正有“千年历史”。无论游客还是国民，面对这样的古老和悠久，很难不感到震撼和向往。

这种对历史和传统的尊崇也融入了英国文化。电影和文学作品中很多受欢迎角色和故事至少包含一颗托利党国的种子：詹姆斯·邦德是老伊顿人[②]，善于用绅士魅力打破常规；魔法师哈利·波特文质彬彬、谦逊有礼，却不惧危险，从邪恶势力手中拯救充满魅力的寄宿魔法学校；英格兰保姆玛丽·波平斯[③]会魔法，

---

① 薇拉·林恩（Vera Lynn，1917—2020），英国女歌手、演员和流行歌曲作家，二战期间当红明星。

② 作者在书中用老伊顿人指伊顿公学的毕业生。

③ 玛丽·波平斯（Mary Poppins），是澳大利亚－英国作家帕梅拉·特拉弗斯所写儿童系列小说《玛丽·波平斯》的主人公，身为保姆，却有神奇魔法，深得妇女儿童喜爱。相关故事后被拍为系列电影。

但只想把家收拾得井井有条。电影脚本如果以现今时代为背景，不易成功，成功作品大体上或是与贵族有关的《女王》、《国王的演讲》、两部《唐顿庄园》等，或是充满戏谑的历史宫斗戏《真宠》等，或是反映英国自身经历的战争史诗片《至暗时刻》、《敦刻尔克》和《1917》等[①]，影片中英国虽未完胜，但总是以永恒不败的姿态收场。

托利英国愿景受到欢迎和追捧，恰是意大利马克思主义理论家安东尼奥·葛兰西所说的行使“文化霸权”的结果：当一套思想和价值观处于强大的主导地位，进而显得自然、中立，看不出其所服务的政治目的，就会被毫无疑问地接受。霸权在词源学上意味着上对下的“统治”。但一种世界观对另一种世界观的影响，不仅通过自上而下的宣传、洗脑、愚弄和欺骗发生，也有可能通过文化和日常生活自下而上地传导。葛兰西深信人民是文化的积极参与者，文化反过来又塑造人民，很多时候政治并不纯表现为政治，而是渗透在文化和日常生活之中。这启发了一代思想家。

葛兰西认为，政党是现代政治的主角，可充当沟通政权和公民之间的桥梁，并将“政治”和“文化”相结合，通过“世界观构建”来协调和团结各种利益。葛兰西曾思考怎样才能全面勾勒一个政党的历史，认为仅仅记述其起源、支持基础和主要人物还不够，即便每个政党最初都是代表特定阶级或群体利益而成立，但实际上没有群体能孤立存在，“它有朋友、盟友、反对者和敌人”，只有考虑到这一“复杂图景”，才能真实完整地讲述政党故

① 这些影片均为英国近些年来比较受欢迎的电影。

事。葛兰西得出结论："写某党通史就等于写某国通史"。

按照葛兰西的引导，本书不仅写了保守党，也写了其朋友、盟友、对手和敌人的故事，更写了保守党人如何在历史上统治英国，推动历史的演进，塑造国民身份，造成当今社会状况。当我们看到一向引以为傲的社会稳定正在快速形变，托利党国愿景正在出现裂痕时，是否想到，这一愿景并未得到所有英国人背书，另外一种历史、身份和叙事一直存在。紧缩后果严峻，脱欧鲁莽傲慢，约翰逊厚颜撒谎、拙劣应对疫情，特拉斯盲信自由市场，臆造的文化战争目中无人，这些事态并不新鲜，英国和保守党历史上早有其踪影。

托利党国不能依靠捏造和选择性叙事而生存。说历史上的统治者小心谨慎、温和节制，不像当前领导人爱慕虚荣、粗心散漫，可人们清楚记得，大英帝国统治者冷酷无情、滥用权力，帝国终因难以存在而解体。说英国近现代保持独特稳定，既无革命又无内战，可超出英格兰的范围这一说法就不成立。二战后英国为维持对北爱的统治，对其进行长达37年准军事占领，这在发达民主制国家中独一无二。爱尔兰早就暴露了托利党国的自相矛盾：英国人温和、不爱干涉他人，英帝国主义却征服包括爱尔兰在内的世界。随着英国在世界上日益衰落，这种矛盾会调头反噬自身。

托利党人不正视不堪的历史，继续任性地向前梦游——所谓的不畏逆境和强敌，礼貌优雅地勇敢战斗。随着英国从欧洲"帝国"中"独立"，进入不确定和经济困难的新时代，另外一种历史及其影响将更清晰地得以呈现。

在我写此书之时，一些评论员已开始给保守党写“讣告”，这是一种短视行为，只着眼英国选举政治最后十分钟，而不考虑保守党在议会大厦外拥有的权力。同样的短视，让保守党得以长期进行统治。

此外，2019 年大选保守党特别提醒我们其成功背后的一个秘密：同自身行为后果进行切割。大选前十年，保守党执政造成国内混乱和民众生活条件恶化，大选时该党却把自己打扮成解决这些问题的行家里手。约翰逊以“搞定英国脱欧”为竞选口号，承诺结束由其政党发起、持续四年的脱欧进程，对受十年紧缩政策之苦的公共服务再投资，并在获胜后宣布：“我们国家现在迈上新的神奇旅程。”三年后，苏纳克就任首相，《每日邮报》称赞他开启了一个“新黎明”。苏纳克表示：“团结起来，我们就能取得不可思议的成就”，同时称将恢复紧缩政策。

很少有政党能如此长时间掌握如此多权力，却又如此少地承担责任。英国大选，一般或是以“把他们踢出去”为主题口号，或是以“让我们继续执政”为主题口号，取决于现任者是否受欢迎。多数情况下，保守党能成功扮演两种角色：勇敢挑战现状者及坚定捍卫现状者，总能将国家从工党威胁中拯救出来，不管这种威胁到底是真是假。

这种与不良后果切割的能力，是保守党历史上常胜的关键。2021 年 1 月 1 日英国最终“完成”脱欧进程，[①] 这成为保守党的巨

① 在达成协议的基础上，英国和欧盟双方同意 2020 年 1 月 31 日英国正式离开欧盟，规定双方关系的协议从 2021 年 1 月 1 日起正式生效。

大政绩，特拉斯称 2021 年为“元年”。“元年”效应让保守党假装涅槃重生，不再是过去 200 年大部分时间都执政的党，而是不受过去玷污、像“新黎明”一样的新党。保守党单独难以完成这种切割，还需要捧场的媒体、相信故事的公众和无法退场的竞争对手。保守党成功的故事很大程度上就是英国成功的故事，就像朱塞佩·兰佩杜萨[①]那句被无数次引用的话，这是一个以不变应万变的故事。

① 朱塞佩·兰佩杜萨（Giuseppe Tomasi di Lampedusa，1896—1957），意大利知名作家。

第一章

保守党发展体现其强烈生存本能

“保守党对选票在哪里再清楚、再重视不过了，这一点你尽可放心。”

——出自伊诺克·鲍威尔[①]1981年接受的
罗伯特·麦肯齐的采访

“赢得选举是底线。”

——保守党中央办公室1994年举办研讨会的主题

“有些目标，恐怕得故意朝反方向跑才能达到。”

——出自弗朗茨·卡夫卡[②]1920年
同古斯塔夫·雅努奇[③]的对话

---

① 伊诺克·鲍威尔（1912—1998），英国保守党政府大臣、议员，给英国政治带来较大影响，本书中多次出现。

② 弗朗茨·卡夫卡（1883—1924），20世纪最具影响力作家之一，代表作有《变形记》和《城堡》等。

③ 古斯塔夫·雅努奇（1903—1968），捷克诗人和作家，因记述出版同卡夫卡的对话而出名。

2005年，保守党人心情灰暗。工党刚刚连续第三次赢得大选，而保守党却被迫在四年内选出第三任领袖。保守派记者杰弗里·维特克罗夫特同年出版《托利英格兰的离奇之死》一书，不仅哀悼保守党，还替英国进行哀悼。布莱尔力推的“现代化”把保守党扫到一边，大量废除议会上院世袭席位，支持包括英国在内的欧盟一体化而不再一味强调自身主权，“保守主义”成了讨人嫌的词。“新工党”似乎标志着“老英格兰”的结束，现存最老政党又一次濒临死亡边缘。主导英国政坛的布莱尔调侃道：“谁还需要托利党？”

保守党很不习惯长时间处于反对党地位，但某种意义上他们是自己成功的牺牲品，要知道布莱尔获胜政纲吸纳了诸多保守党的目标和原则：拥抱自由市场、私有化公共服务、严惩轻微犯罪、搞好同媒体关系、贬低福利体系等。保守党前议员马修·帕里斯2004年在《旁观者》[1]杂志上撰文，告诉他的托利同僚要看清这些动向代表胜利，“人们可能认为右派输了，但我们没有输，我们的辩论主张赢了，英国现在比我上大学的70年代初更加右倾。”帕里斯在经济领域也许是对的，但在文化方面右翼接连受挫，就在帕里斯发文“当天”，保守派遗憾地看到，布莱尔宣布禁止猎狐，

① 《旁观者》是英国周刊杂志，自1828年开始发行，现由英国巴克莱兄弟和《每日电讯报》拥有。

给托利党国的棺材板上又钉了一颗钉子。布莱尔后来说，这项禁令是“我最后悔的国内立法之一，猎狐问题涉及国人对古老传统的深厚感情”。

2005年布莱尔第三次获胜后，保守党不再否认，未来属于布莱尔这样的人，并于同年12月找到了自己的布莱尔来领导保守党：“现代化”的戴维·卡梅伦，年轻的老伊顿人，娶了贵族之女，家住伦敦西部，与媒体关系融洽。卡梅伦开玩笑称自己是“布莱尔的继承人”，答应让保守党成为一个更和善、更自省、更富同情心、更加多元化、更讲环保主义、更少疑欧主义的党，“不再对欧洲喋喋不休地批判”。他说：“我们要看起来、听起来、说起来、感觉起来完全是一个不同的政党，必须充满正能量。”

一些保守党人认为卡梅伦的现代化举措背离了党的传统，其实他用的正是托利党的老办法：投降以求生存。早在1867年，英国最富有的大地主之一、后成为保守党首相的索尔兹伯里勋爵[①]就意识到，不是所有变革都能被抵制，有时承认失败是最好的防御，与其因坚持自己的价值观丢掉政权，不如做出妥协继续执政。他专门撰文《保守党人的投降》，呼吁保守党人“诚挚地接受政治上的失败和被强加的原则，努力确保这些原则的成功，或尽力消除这些原则带来的负面影响。”作家特罗洛普1876年的讽刺小说《首相》中写道：“议会里，保守党人有义务去做许多他不赞成的事。当一些有光荣历史的制度或机构消亡或被取缔时，最好由有

① 索尔兹伯里勋爵（1830—1903），即第三代索尔兹伯里侯爵，本名罗伯特·加斯科因－塞西尔，继迪斯雷利后任保守党领袖，三次出任首相，也是任首相时间最长的保守党领袖，任内发动第二次布尔战争。

爱心之人送上挽歌，而不是让激进分子粗暴对待。”

卡梅伦最初几年里遵循了妥协的建议。事实上，新工党已向保守党做出很多妥协，保守党对新工党妥协也不难。布莱尔当初只是在保守党原来福利制度的基础上增加了一些公共服务和减贫支出，并没有加以根本性地扩大或改变。保守党也表示，不会改变工党政策要点，影阁财政大臣乔治·奥斯本 2007 年 9 月承诺维持工党时期公共开支水平。

此时，政治经济形势发生剧变，由银行不负责任和不良借贷习惯引起的金融危机开始逼近，次年宣布进入大衰退。保守党迅速利用危机做文章，奥斯本 2008 年 10 月演讲称，“政府过去十年推行的经济政策已名誉扫地，无法修复”，并对首相布朗和工党说：“我们绝不会忘记，是你们一手造成我们一生中最严重的经济灾难。”

危机揭示出自由资本主义存在很大风险、金融部门贪婪鲁莽、政府监管十分必要等问题，但这些不好被用作口实来攻击政府，大衰退也未必就是保守党复兴的跳板。然而保守党从不浪费机会，它利用经济衰退无情攻击政府，保守派媒体予以大力配合，成功将由不平等和经济制度引起的社会不公感转化为对工党和欧盟的不满。他们抄袭工党政策所作出的支出承诺，现变成新工党挥霍浪费的证明。曾受推崇的多元文化主义变成一种威胁，成为经济衰退的原因之一。2010 年，保守党通过与自由民主党结盟，重新上台，卡梅伦称这预示“一个紧缩新时代”来临。

卡梅伦执政之初尚未放弃模仿布莱尔，2011 年宣布支持同性婚姻，并在党内坚决反对的情况下于 2013 年通过相关立法；他经常强调社会正义，当然往往是口惠而实不至。渐渐地，他的立场从自由主义中间派开始右转，削减政府开支，加大对移民和多元文化主义的攻击。2013 年，卡梅伦表示，若保守党赢得 2015 年大选，将就英国是否脱欧问题进行全民公决。

人们指责卡梅伦机会主义、搞两面派，其实这不过是按照保守党指导手册所做的熟练操作。两个世纪以来，保守党一直在玩类似把戏：盗用对手论点，同极右势力若即若离，无情地利用危机，改变形象以适应新的环境。同时保持保守主义特色不变，绝不让自己远离权力中心。

保守党恐怕是世界现存最老的政党。唯一可以相提并论的是成立于 1828 年的美国民主党，但该党后来发生了重大变化。保守党源头可追溯至 1678 年成立的托利党，19 世纪 30 年代以保守党为名重建，时至今日，托利党仍旧作为保守党的绰号而使用。

“托利”（Tory）一词起源于 17 世纪盖尔语中的“托雷”，意思是强盗，后成为议会中保皇党人的代称，他们高度忠于王室。其对手辉格党的名称也有类似贬损起源，苏格兰语中“辉格”(Whig)意指乡巴佬。这两个派别对上述嘲笑性绰号欣然笑纳，18 世纪中叶形成两个主要政治集团，托利党代表地主贵族、英国国教和王室等既有统治者利益，辉格党代表新兴工商阶层利益，支持选举改革，包容英国国教以外的宗教。

托利党和辉格党彼此相互敌视，但也有共同点，都代表统治阶级利益，各自政治愿景不过是对同一目标的不同即兴发挥而已。哲学家大卫·休谟在 1742 年的论文《大不列颠的政党》中概括道，托利党人是“没有放弃自由的君主制爱好者”，辉格党人是“没有放弃君主制的自由爱好者”。评论家威廉·黑兹利特在1819年《政治随笔》一书的序言中称，区分两者差别是“可笑的”，他们“让人想起两架相互竞逐的马车，扬起巨大灰尘，互溅满身泥浆，但都走同一条路，到达同一个目的地”。

那时英国议会已存世多年，无国可比。但英国还远不是一个民主国家，每八个成年男子中只有一人有投票权，拥有土地的贵族把控着决策过程，大多数席位不用竞争。19世纪一系列的普选权改革带来改变。1832年，辉格党通过系列《大改革法案》第一部，吸纳一些工商中产阶层进入选民行列，让选举成为担任议员的正当途径。1867年，以本杰明·迪斯雷利为首的保守党领导层不顾本党多数议员担忧，出人意料地主导了另一场改革，给予更多工薪阶层人士以投票权。1884年12月，《大改革法案》最重要的一部得以通过，大约三分之二成年男性被给予投票权。虽然女性仍被完全排除在外，爱尔兰男性投票权仍有很多限制，但工人阶级第一次占了选民大多数，“民主”一词更加名副其实。

托利党从当初激烈反对《大改革法案》第一部到接受其通过，促成了现代保守党的诞生。两年后的1834年，托利党领袖罗伯特·皮尔在其所在的塔姆沃斯选区发表讲话，他着眼全国听众，表示托利党人接受和承认选举权扩大，但反对进一步扩大。这个讲话就是标志性的《塔姆沃斯宣言》。皮尔后来进一步解释，他的目的是“成立一个不同于托利党的、有权威的政党，能够对追求革命或变革的不安分子说，‘这是你的边界，你只能在这个范围内活动’”。他在讲话中未提“保守党”一词，但这次讲话被普遍认为是托利党正式转为保守党的决定性时刻。“托利”一词已经给人以反动和衰败的印象，而“保守党”则体现神圣秩序维护者的高尚涵义。

不是所有人都认可名称改变。新名称隐含着向辉格党妥协甚至投降之意。老伊顿人、外交官约翰·弗雷尔打趣道：“保守党人只是为自己感到羞耻的托利党人。”贵族查尔斯·格雷维尔写道，罗伯特·皮尔企图通过更名让“保守党超越其他政党”。来自本党、激烈批评皮尔的本杰明·迪斯雷利称，保守党政府意味着“托利党人＋辉格党政策”，但迪斯雷利最终还是继承了皮尔的衣钵。对“保守党”新名称的保留态度，使同时含有贬损和荣誉之意的“托利”称号被继续使用。

皮尔为保守党奠基，但也给党制造了巨大分歧，导致严重后果。1846 年，他第二次担任首相期间废除了《谷物法》。该法中的繁杂税赋提高了种地成本，抬高了粮价，损害到穷人利益，当时暴发的爱尔兰大饥荒让困境雪上加霜，间接影响到工商阶层，他们日益要求废除该法。不知是被穷人的困境所打动，还是出于政治权宜考虑，皮尔作出废除该法的决定，得到辉格党的支持并在议会获得通过。但这损害到《谷物法》受益者地主阶级利益，他们是保守党的传统支持基础。皮尔认为，在新的选民格局下，仅仅迎合地主阶级利益是不够的。许多保守党人视皮尔为叛徒且不予原谅，三分之二保守党议员投票反对废除《谷物法》，保守党成立以来出现第一次也是迄今为止的唯一一次正式分裂。受排斥的“皮尔帮”退党自成一派，并最终加入辉格党。辉格党此后三十年大部分时间主导英国政坛，并于 1859 年改名为自由党。

保守党也因皮尔具备了很强的自我变化和调节能力。迪斯雷利并调侃，皮尔“撞见辉格党人洗澡，就拿着他们的衣服走开了”。迪斯雷利并无赞扬之意，但这却成为保守党应对危机最喜欢的策略：剥光对手衣服，模仿对手之长，窃取对手政策再廉价卖出。整个 20 世纪保守党都如法炮制，21 世纪卡梅伦照做不误。

除了要善于调整适应，皮尔还给了保守党一个更重要的教训，就是无论如何要维持党内团结。保守党分裂加上多年在野，让其几乎成为明日黄花。因而保守党人始终警醒，在追求权力过程中，尤其是在选举关键时刻，即便内部存在重大分歧，表面上也要维持团结。这一警醒对保守党日后成功至关重要。自皮尔后的每一位保守党领袖，都把维护党内团结作为主要优先事项。保守党在脱欧问题上表现出一些怪异做法，实际上与此有关。为避免英国独立党分化党内脱欧派、侵蚀本党支持基础，卡梅伦呼吁举行脱欧公投；约翰逊为维系党内脱欧派支持，以“搞定脱欧”为竞选口号，不惜开除 21 名亲欧议员。这都源于害怕遭到党内核心派抛弃、引起分裂的严重后果。“不要做皮尔”，仍是党内流行的口头禅。

维持团结离不开纪律和忠诚，但托利党人的纪律和忠诚却难以让人恭维，这与因观点不同党内经常出现争吵和对立无关。有些人会出于理想和信仰、出于尊重秩序和权威而产生忠诚和纪律，但托利党人只相信赢得选举和保住权力，为达目的可做出任何妥协，从不会始终忠实于特定领袖。某个领导人一旦被认为是废物，就会遭抛弃，不讲一点儿情面。约翰逊和特拉斯就是最近的例子。2022 年 6 月 23 日，保守党在两个选区补缺选举中均告失败，同年晚些时候民调支持率暴跌，分别注定了这两人下台的命运。1922年贝尔福首相开玩笑说："给领导人背后捅刀子不是保守党的信条，但必须承认，大家经常这样做。"

一个政党将获取权力作为首要目标，这无可厚非，否则成立政党目的何在？但保守党尤其看重权力，失去就难以接受。因为他们的最终目标，用更大的词概括，是维护现有社会秩序，每次都赢才能保持现状，敌人只需赢一次，就可对现状造成不可逆转的破坏。历史学家罗伯特·斯图尔特[①]在《保守党的基础》一书中将此描述为两党制中的右翼政党，尤其是右翼政党中激进派遭遇的"特殊难题"。他解释说：

> "左翼政党中激进派可以大胆脱党并充分相信，这样做会吸引人们对左翼事业的关注，使其不遭篡改，让未来前景更加光明，就算导致本党分裂，也不至于毁掉自己希望创造的世界，因为这个世界还有待创造。保守党内激进派行动空间就小得多，如果他们分裂了党，不仅马上失去竭力追求的目标，还会削弱保守主义力量，把权力让给对手或左翼，就像1846年《谷物法》被废后发生的事态。如果左翼大胜，右派恐永难翻盘。"

斯图尔特称，进步派因为相信自己的时代终会到来，所以没有保守派那样的焦虑和不安（时至今日，气候变化问题才让左派有了

① 罗伯特·斯图尔特（Robert Stwart，1941—1978），英国历史学家，研究保守党早期历史。

新的紧迫感），这也从反面部分地解释了为什么自皮尔后，保守党的对手更容易分裂而让保守党坐享其成的原因。如自由党在19世纪80年代因爱尔兰地方自治（Irish home rule）发生分裂，保守党乘机吸收了自由党中的支持统一派，并在接下来30年的大部分时间执政。事实表明，这一吸收对保守党发展壮大至关重要，该党扩大了支持基础，同时代表乡村和城市、贵族和工商业家、传统保守派和自由资产阶级的利益，相当于将保守党和自由党合二为一。保守党前大臣戴维·威利茨勋爵告诉我："这种合并只有在英国能出现，在欧洲大陆，这样两个党只能继续分别存在。"

20世纪初工党兴起，又进一步促使保守派的合并走深走实。此前，保守主义和自由主义仍有明显差异，保守主义拥护稳定、国家统一、世袭权力及特权；自由主义主张个人自由和机会平等。而当工党主张的社会主义成为严肃的政治威胁时，保守党和自由党很快找到他们的共同点：私有财产是自由和秩序的共同基石，要不惜一切代价予以捍卫。接下来几十年中，保守党和自由党之间的界线消失了，两党纲领合二为一，形成一个内部躁动但力量强大的联合体，以保守党作为实体参与选举政治。

保守党1874年结束近30年在野生涯后，参加了38次选举，只有7次重大失败，其中3次是1997年、2001年和2005年连续败于托尼·布莱尔，其余4次分别是1880年败给自由党威廉·格莱斯顿、1906年败给自由党亨利·坎贝尔－班纳曼、1945年输给工党克莱门特·艾德礼和1966年败给工党哈罗德·威尔逊。另外输的9次，保守党未能进入政府，但在野时间并不长，因为对手或仅有微弱多数，或组成少数联合政府，以至于非常不稳定，执政时间很少超过两年。相比之下，保守党赢的22次均可算大胜，都以其为主组成政府，很少受其他党派牵制，其中16次为保守党多数政府，14次该党席位超过反对党[①]席位两位数以上。

上述数字还不足以完全说明保守党的统治地位。自1874年以来，保守党有五次连续执政八年以上，其对手只有两次。20世纪内保守党共执政70年，被称为“保守党世纪”。1964年，工党连续三次经历失败后，以“浪费13年”为题展开竞选，之后虽不情愿，又不得不数次循环使用这一口号。保守党长时间连续执政，意味着比对手留下更深更持久的烙印。

横向看，日本自民党和瑞典社民党也有傲人获胜记录。1955年日本自由党和民主党两个保守主义政党合并为自民党后，几乎连续执政至今。瑞典社民党1889年成立，1932年至1976年间为主要执政党，2014年至2022年间再次主政。但日本和瑞典等国选举采用比例代表制（Proportional representation，PR），获胜政党通常需组建联盟才能执政，大党受到一定约束。而英国保守党让人羡慕的是，除盘踞政坛长达两个世纪外，还享受“票数第一者胜”（First-past-the-post，FPTP）选举制度的红利。“票数第一者胜”制度规定：一选区一议席，选区票数最多者当选该议席。这是一种赢者通吃的安排，选区票数的相对多数，即便很微弱，也能拿走整个选区，再对应到议会议席，达到多数就有资格组阁，超过半数则能牢固掌权。这有利于大党而不利于小党，小党除了

① 英国议会多党制中，反对党特指在野第一大党。

对两大党施压外，几乎没有获胜希望。这明显降低了保守党赢得选举长期掌权的难度，也使其有了托底机制，最差不过排名第二，回归权力总是触手可及。

许多左翼评论家将“票数第一者胜”制度归为保守党成功的原因，也有人认为，这一英国政治支柱性制度之一，像其他问题性制度一样，已经过时，需要改革。但保守党对其不遗余力加以维护。1929 年至 1931 年间出现了一次少有的改革选举制度的机会，当时工党少数政府试图推动相关立法，可惜尚未通过政府就倒台了，随后 14 年里保守党控制议会，对这一改革再未提及。

“票数第一者胜”制度当然也有利于同为大党的工党，竞选成绩再差同样差不过第二，故能长期享有两大党之一地位。1997 年布莱尔赢得 43% 的选票，但议席却超过 60%。尽管掌权时间只有约三分之一，工党政客对改革这一不够民主的选举制度并不比保守党人更积极，这又间接让保守党获益。如果是比例代表制，众多小党会分走工党的选票份额，进而影响工会对其资金支持，选举难度变大，会危及大党地位。两大党态度如此，“票数第一者胜”游戏得以继续进行。

不能将保守党掌权完全归结于有问题的选举制度，但这一制度的确使其更易获胜、更易掌权和扩大影响。议会多数意味着行使权力没有掣肘，这足以羡煞联盟政治。英国没有一部像大多数民主国家那样的成文宪法，也意味着执政党所受官方制衡较少。历史学家彼得·汉内西[①]称，英国信奉“好人”政府理论，依赖精

① 彼得·汉内西（Peter Hennessy，1947—），英国历史学家，研究政府史，2010 年成为议会上院议员。

英的克制、尊重规矩和传统来治理。而有人则不客气地形容英国体制为“选举独裁”，独裁者通常是保守党。

所以，保守党在英国赢得选举，会比在其他国家条件下得到更多权力。压倒性胜利带来的权力足以改变国家面貌，谁都会利用这点做文章，左派也不例外。1906年自由党大胜并组成多数政府后，引入社会养老金、医疗和失业保险等制度，开始为建设福利国家奠基。1945年后，工党政府启动前所未有的改革，进一步推进福利建设，创建了国民健康服务体系。保守党担心有些变化不可逆转，但变化的方向并不单一，多数情况下是保守党自己推动的或乐见的变化。如20世纪70年代、80年代自由市场经济席卷全球，撒切尔夫人领导保守党连续三次赢得议会多数，让政府和市场之间关系罕见地深刻改变，导致不平等迅速大幅扩大，同期发达国家中只有新西兰发生类似情况。

撒切尔还梦想实施废除地方政府的政治议程，认为它不受中央政府控制，是酝酿社会主义政策的温床。2010年保守党重新掌权后，卡梅伦和奥斯本以收拾工党烂摊子为由实施紧缩政策，逐渐削减地方政府提供和维持基本服务的职能，以便让撒切尔梦想成真。日积月累的结果是，在英国很多社区，公租房、图书馆、休闲中心、地方博物馆、法律援助、公共汽车、公园和青年中心等成为负担不起的奢侈品。1979年5月撒切尔上台时英国国土五分之一为公有，是历史最高比例，今天这一比例已降到约十分之一。渐渐地，英国成为西方国家中最为中央集权、发达国家中最为迎合私人资本的国家。

保守党采取了哪些措施使自己如此成功？保守党人不喜欢讲自己的战略策略，而愿意说，他们的成功源自英国人民的保守主义基因，他们多次胜选不过是国民性格真实表达的结果。保守党人通常假装对政治不感兴趣，称那是左派无聊的执念。昆汀·霍格[①]1948年在《保守主义剖析》一书中说："保守党人不相信政治斗争是生活中最重要的事情，在他们当中，头脑简单的喜欢猎狐，最聪明的则虔心于宗教。所以他们不同于共产主义者、社会主义者、纳粹、法西斯、高利贷者以及英国工党大多数分子。"奥克肖特[②]1990年以同样语调说："将谈论政治留给左派，否则他们无所事事。"

保守党内推崇那种不用努力就很优秀的贵族范儿，认为仅仅通过天赋、本能和运气而不是努力取得成功，才值得称道。他们看待选举失败的工党像考试不及格的学生，经过几个月苦读后仍未及格，双倍地丢人。穆萨·奥克旺加[③]在其回忆录中提到，许多保守党首相将伊顿公学视作游乐场，"嘲笑看得见的努力"，"认为不怎么努力成绩就很好才算本事"。历史学家约翰·西利1883年在《英格兰的扩张》一书描述了大英帝国鼎盛时期的优越傲慢："在不经意间，我们已经征服和殖民了半个世界。"保守党人愿意被看作以同样方式征服了英国政治。

保守党人的超级傲慢或无敌优越，其实是超级假象。就像伊顿公学佼佼者会隐藏自己付出的努力、拥有的权力和先天特权，

① 昆汀·霍格（Quintin Hogg，1907—2001），20世纪英国保守党政治家、法官，从政长达50年。

② 迈克尔·奥克肖特，见引言部分注释。

③ 穆萨·奥克旺加（Musa Okwonga），当代英国作家，广播影视业从业者。

就像英帝国扩张离不开关起门来的精心谋划和血腥操弄，保守党表面对政治漠不关心，背地里却不停搞阴谋诡计。事实表明，保守党善于化解、转移阻碍其胜利的分歧矛盾，能够迅速有力应对可能带来失败的威胁。为了胜利，可以摒弃所有理念之争。不要以为保守党人已经老掉牙或不合时宜，他们会采用最先进技术、尝试最新潮方式来竞选和动员选民。他们的行动颇见成效，结果往往超出常人预期，英国变得越民主，保守党反而越成功。

同时，尽管多次获胜及东山再起，深深的危机感和担忧如影随形般困扰着保守党。自 19 世纪普选权扩大以来，维护统治阶级利益和特权的政党的优势大大减少，民主和进步的力量对其不利，选票不再能轻易拿到手，托利党人无论如何都面临并不习惯的战斗，他们习惯的是世袭罔替，财富和权力经由家族代代传承。索尔兹伯里勋爵 1882 年在普选时代即将来临时忧郁地预测："有意思的是，我们会成为最后一代保守党人，我预见到了这一命运。"一年后，他的首席秘书见证并记录了索尔兹伯里最担心的事："激进分子争取到工会、天主教会、废除财产协会和道德社团等的支持。保守党支持者却安于现状，不想被打扰，以为自己还很安全，用不着花时间和精力准备抵抗和反击。"

上述悲观预测对任何保守党人来说都不陌生。2019 年 5 月，《卫报》记者安迪·贝克特发表题为《"一个僵尸党"——保守主义深陷危机》的文章，称保守党已在唐宁街执政十年，表面上优势明显，其实即将衰落。该党在认知上行将就木，在选举中举步维艰，上一次赢得议会绝对多数[①]还是 32 年以前。很多保守党选

① 指超过议会半数席位。

民都是养老金领取者，党员人数急剧下降，2017 年该党从死者遗赠中得到的钱甚至多过活人党员的缴纳和捐赠。这样的政党还有什么未来？

《旁观者》和《每日电讯报》前编辑查尔斯·摩尔对我说："保守党内存在不小的失败悲观主义暗流，认为如果选民真的了解其生活方式和立场，就不会投票给他们。"保守党人认为自己可以永远执政，同时又认为如果遭遇惨败，哪怕只是几次，就会陷入深渊，之后如能再执权柄，都是值得大书特书的复活。而历史表明，这恰恰是英国政治轨迹呈现出的典型特征。

保守党害怕失去权力的焦虑，通常给自身带来激励而不是令自身瘫痪。辉格党、自由党、工党这些对手常常认为历史站在他们一边，保守党对现代性半信半疑的拥抱没有带给自己多少自信，而是本能地同意对手的观点：保守党在对抗发展潮流，除非他们划得足够快或建造一艘更好的船，否则终会搁浅在现代性海岸上。这种对未来的不自信促使其领导人和高层官员不知疲倦地努力和行动，一个著名的左翼口号"不要哀悼，组织起来！"其实很适用于保守党。

该党的选举机器自皮尔开始，不断发展演进，特别是 19 世纪下半叶，保守党在基层动员方面比欧洲其他政党做得更好，在全英各地成立了大量地方协会和保守党俱乐部，向民众推广保守主义。这些地方俱乐部将政治与娱乐和社交融为一体，取得了巨大成功。如成立于 1883 年的樱草会（Primrose League）到 20 世纪初拥有 150 万会员，成为英国有史以来规模最大的政治组织之一。一位学者描述说，"包括飞毯艺术家、小丑、游吟诗人、杂耍自行车手、杂技演员、口技演员、木偶艺术家和铜管乐队等各色娱乐人员”参与到俱乐部活动中。到1885年，就连索尔兹伯里勋爵也有理由乐观了，他热情洋溢地说，樱草会是“任何国家政党都无法比拟的政治组织”。索尔兹伯里夫人回想说：“这看起来下里巴人，却带给我们巨大成功。”

整个20世纪，保守党组织动员表现出色，1945年工党大胜后他们积极应对，引发了一波戏剧性的倡议和改革浪潮。保守党议员拉布·巴特勒宣称：“就像在皮尔时代一样，必须让人们看到，保守党已经能够适应社会革命。”他呼吁推出新的塔姆沃斯宣言。到1952年，保守党党员人数达到令人难以置信的280万，是英国任何自愿的组织中缴费人数最多的一个。自那以后，像许多其他西方民主国家政党一样，保守党党员人数急剧下降，20世纪90年代降到76万，但仍是当时工党党员人数的三倍。保守党积极拥抱新技术，20世纪40年代末让议员参加广播培训课程，比工党提前七年于1951年创立自己的电视和广播培训室，1948年雇佣“科尔曼·普兰蒂斯和瓦利”广告公司来更好发挥民调和营销作用，产生了前所未有的宣传效果。一份小的系列选举海报展示了多姿多彩的理想家庭生活：一家人或在洗车，或坐在电视机前吃晚餐，再配上“保守党带来美好生活，别让工党毁了它”的标题。相比之下，工党1959年的主题海报就很乏味，单调地印着工党领袖休·盖茨克尔[①]的照片，配以“一个有规划的人”的枯燥文字。

① 休·盖茨克尔（Hugh Gaitskeu，1906—1963），英国政治家，曾任工党领袖和财政大臣、影子内阁大臣。

保守党1978年与“萨奇和萨奇”广告公司合作，为自己争取到更大主动。“萨奇和萨奇”一向以简洁有力和气势逼人的广告见长。保守党在其包装下，看起来无时无刻不处在竞选状态，并按照其建议，装作叛逆局外人去攻击假想当局者对手，其实他们自己才是真正的当局者，正舒服地享用着唐宁街。1983年大选期间，撒切尔的竞选广告专门攻击性地批评工党的危险和无能，而不是防守性地宣传自己四年执政政绩。广告公司负责人莫里斯·萨奇解释说：“政治竞选首先是一种敌对活动，由彼此决斗来裁定胜负，要么去打人，要么被人打。”工党看到保守党和“萨奇和萨奇”合作十分成功，才下决心雇佣自己的全职广告商。

工党不如保守党动作快，既因保守党心眼多，也反映出统治阶级在金钱和关系资源方面有天然优势。早在1852年，一本名为《选举实要》（*Electoral Facts*）的书就指出，政治影响力不再来自个人性格或魅力，而是来自“金钱资源”。在自由党衰落、工党崛起过程中，保守党成了抵御社会主义威胁的主要堡垒，因此获得了巨大外部资金支持。保守党的竞选开支除2005年和工党大致相当外，其余每一次选举都超过工党，有时甚至是工党的两倍。2020年，《星期日泰晤士报》最富有50人富豪榜中很多人向保守党捐款，给工党捐款的只有一人，而这个人同时也给保守党捐款。民主时代保守党面临更多挑战，但也拥有更多应对挑战的资源，难度远比大卫战胜歌利亚巨人要低。

保守党在宣传和竞选上投入大量时间和金钱，却被认为过于关注经济，忽视了文化和策略的重要作用。这种叙事实际上是保守党变相的自我表扬：保守派太过专注于保证国家经济繁荣，以至于都忘了参与政治大游戏。而左派则被描绘成热衷于通过文化来对国家机器进行渗透改造，让国家变得面目全非。

这种虚构叙事既严重夸大了左派的成功，又故意淡化了保守党为追求权力进行的大量投入。保守党人明白葛兰西所说“文化战线”的重要性，早就发起成立自己的智库、报纸、读书俱乐部和电视网络等，同时不遗余力地打击、削弱他们眼中支持进步或是提倡任何非保守主义观点的力量，如大学、地方政府、英国广播公司（BBC）和第四频道[①]等。撒切尔内阁的关键人物、保守党议员基思·约瑟夫在20世纪80年代利用假日专门读了葛兰西的《监狱笔记》，对文化斗争特别上心，呼吁“在每一所学校、大学，每一个出版物、委员会、电视台，都要展开思想斗争”。这种斗争直到今天还在进行，多多少少取得了保守派预期的效果。

2017年大选，年轻人蜂拥把票投给杰里米·科尔宾领导的工党，保守党如坐针毡，立即调动一切资源扭转趋势。他们宣布一些取悦年轻人的政策，如把学费冻结在9250英镑，将年轻人铁路卡额度上限从25英镑提高到30英镑（即增大铁路卡使用效益），让保守党议员增加自己在照片墙上的存在以便更像“真实的人”，更多地谈论环境问题，结果很多议员2017年12月同时涌向社交媒体赞扬戴维·阿滕伯鲁的环保纪录片。据《泰晤士报》报道，保守党还计划向党员提供“南多斯”（Nando’s）[②]之类餐厅的折扣卡

① 第四频道是英国免费的公共广播电视频道，不像BBC那样接受国家资金支持并向用户收年费，而是完全依靠广告在内的商业活动收入来维持运营。

② Nando’s是一家创立于南非的跨国快餐连锁店，以供应特别风味烤鸡肉为特色。

以吸引年轻人加入本党，但“南多斯”很快就与此撇清关系。

除上述举措外，保守党还于2018年成立青年保守党，和下属智库及支持自己的媒体携手，发起一系列面向年轻人的倡议，如2017年发起倡议“激活”，2018年发起倡议“前进”“新一代”，同年由经济事务研究所（IEA）发起倡议“更自由”、由《每日电讯报》发起倡议“更清新”等，虽然名字听起来像牙膏品牌，但都希望通过营销手法增大对年轻人的吸引力。特拉斯2018年5月在推特上写道“这一代人#乘坐优步#住民宿#吃外卖#做自由斗士”，受到网友嘲讽；后又在“更自由”发起仪式上演讲，号召年轻人支持保守党，此演讲稿被《每日电讯报》刊登并为“更清新”倡议做宣传；政策研究中心（CPS）主任罗伯特·科尔维尔（也是《星期日泰晤士报》专栏作家和《每日电讯报》前编辑）又把它印到T恤衫上进一步推广。到目前为止，在工资停滞和买不起房的背景下，年轻人还没有被保守党想传递的信息打动，但这确实说明保守党宣传机器无处不在，能够调动大量资源为自己服务。

从历史来看，保守党取得优势地位，除受益于应变能力强、善于同化吸纳对手、战术执行力强、财力雄厚以及有问题的选举制度外，还有一个因素，就是运气好。1911年，在自由党连选连胜后，保守党资深政治家迈克尔·希克斯－比奇写信给贝尔福勋爵说：“过去50年的政治发展表明，保守统一党如没有特别事件如爱尔兰自治或南非布尔战争等助力，难以赢得大选。”数十年后，保守党首相麦克米伦被问到作为首相什么是最艰难的，他回答说："重大事件，重大事件！"[①] 事实上，重大事件往往给保守党带来意想不到的好处。

2008 年大衰退再次表明，形势比人强。对保守党，这样的时刻或给他们的统治带来新的生机，或为他们回归政权铺平道路。史上例子数不胜数。1914 年第一次世界大战爆发，保守党当时是反对党，因战争需要，加入并进而主导了联合政府，随后又见证和受益于自由党的慢慢消亡。所以历史学家欧文·格林写道，"英国保守党要万分感谢德皇威廉二世"。1929 年工党首次成为议会第一大党并执政，此时大萧条爆发，为保守党不知不觉接管政权创造了条件，1931 年工党被逐出政府。1945 年大选保守党败给工党，1951 年大选所得选票数仍少于工党，但议席数却比工党多 26 个，因而得以重新掌权。撒切尔能够统治国家长达 11 年，一是因为北海石油的收益抵消了失业率上升和累进税下降导致的收入损失，二是因为福克兰群岛[②] 沙文主义战争取得了胜利，其磕磕绊绊的首相任期重获新生。

上述这些机会给保守党带来了好运，但不是所有人都能够抓住和利用机会，需要随时做好准备、敢于冒险，否则很可能意味着经历厄运。当代保守党领袖卡梅伦和约翰逊的确体现出敢于赌一把的特性，这一特性在党内早有渊源。1867 年，迪斯雷利和德比勋爵[③] 冒着破坏国家稳定的风险试图推动扩大选举权，因为他们

---

① 保守党首相伊登 1957 年因苏伊士运河事件辞职，麦克米伦接任保守党领袖和首相。

② 即马尔维纳斯群岛，英国称福克兰群岛。——译者注

③ 德比勋爵（Lord Derby，1799—1869），即第 14 代德比伯爵爱德华·史密斯 - 斯坦利，19 世纪英国政治家，曾三度出任首相，是迄今为止担任保守党领袖时间最长的人，长达 22 年，与皮尔、迪斯雷利一道对保守党发展产生重大影响。

党得有希望让新获选举权的工人支持自己，这样就可能让保守党“永久执政”。德比承认这是“黑暗中的一跳”，引起了同辈政客的严厉批评，辉格党人霍默沙姆·考克斯写道：“将帝国的命运毫无保留地交给运气，迄未被认为是好的政治做法，保守党却试图让‘政治赌博跳’成为公开政策。”但是德比和迪斯雷利最终赌赢了，从那时起，保守党人很乐意试试自己的运气。

自罗伯特·皮尔以来，每一任保守党首相几乎都表现出善变性，让人不易认清该党不变的价值观和利益是什么。保守党的威利茨勋爵告诉我：“所有政策都体现出保守党善变的印记，保守主义几乎就像保姆玛丽·波平斯[①]的魔法袋，装满了小东西、小戏法。”近年来，保守党比以往更深入地搜寻魔法袋，多次向选民展示不同的形象。20 世纪大部分时间，保守党反对包括国民健康服务体系（NHS）在内的福利制度，鼓励化石燃料行业发展并对其造成环境破坏不闻不问，同时竭力维系英帝国而反对民族自决；后来保守党变成了 NHS 的守护神和气候变化行动战车，鼓吹民族自决权以推动脱欧；最近，他们又从以往的承诺中后退，在“净零排放”目标上出尔反尔，推行低税收，并称需要对 NHS 部分私有化。

想让保守党人对某件事负责或确定其责任比较难，他们善于搅浑水和倒打一耙。保守党自己愉快地接受外国寡头捐赠，回头却说左翼政党被外部势力操纵；保守党维护商贾巨头和富人利益，支持财富世袭，但反称工党脱离民众、服务精英利益、假装关注贫困和平等；保守党称自己既是贵族也是劳工者的政党，而工党

① 玛丽·波平斯，见引言部分注释。

则充斥逃避者、懒惰者和总想搭别人便车的揩油者。保守党不停地这样说以至于对此深信不疑、感觉良好。一些保守党人甚至想重新命名本党为“工人党”，将工党地盘完全接收。撒切尔的前任爱德华·希思就曾说保守党是“整个英国的工会”。

保守党为追求权力而表现出不可预测的极度善变，让人想知道，除了对成功的渴望外，他们还有什么东西是不变的。保守党人千方百计想赢得选举，为了胜利可以委曲求全，可以支持任何助其掌握权力的政策。伊顿人似乎尤其喜欢唐宁街10号的喧嚣。但赢得选举难道就是全部，而没有更高的目标？这似乎混淆了目的和手段。除了胜利带来的兴奋和执政的愉悦，保守党人当和其他党派人士一样，有自身信仰、社会愿景和肩负利益。获取权力，是为了将自身价值观和利益加诸社会，并阻止政治对手做同样的事。

在混乱扭曲的现实背景下，定义保守主义的本质似乎毫无希望，甚至毫无意义，就像定义变色龙的颜色一样困难，因其会不断随环境变化而变色，与外界融为一体，以达保护自己的目的。保守党人善变和赢得选举是为实现目标而采取的策略和手段，用策略和手段定义保守主义是错误的。我们需要知道，到底什么是保守党的终极信仰和目标。

第二章

保守党人信仰的变与不变

“每一个真正的保守党人，不论男女，本质中都有很顽强的东西。”

——某匿名保守党地方委员会主席1922年语

“我们必须回到保守党的基本原则上来，但不要问我这些原则是什么。”

——丹尼斯·撒切尔爵士[1]1997年谈话

“我不是一个执着于意识形态的人，我很务实。”

——戴维·卡梅伦2005年访谈

① 撒切尔夫人的先生。

1975年，保守党新当选领袖玛格丽特·撒切尔在一次保守党高层参加的政策研讨会上，从包里拿出一本书，宣称："先生们，这就是我们的信仰。"这本书是奥地利经济学家和社会学家弗里德里希·冯·哈耶克的《自由宪章》，1960年首次出版。它成了"撒切尔主义"的蓝图：相信市场，相信放松管制、私有化和竞争是解决所有社会问题的方案。从这一观点看，让国家发挥改善社会的积极作用不仅有问题，而且会是致命的。哈耶克更早的一本书是《通往奴役之路》。

撒切尔夫人对自由市场情有独钟，从哈耶克那里得到灵感并不奇怪。但从保守党的传统来看，有两点让这个事情显得尴尬。首先，骄傲的保守党人通常不愿遵循知识分子或经济学家的学说，尤其是来自欧洲大陆的。"真正"保守党人的信仰，来自经验和传承，来自本国的习俗、传统和久经考验的常识，而非书籍、学者、图书馆和大学。正如半官方的保守党历史学家约翰·拉姆斯登[①]所说，保守党的发展"不怎么归功于哲学家的工作"。

其次，哈耶克不太算是一个保守派。他坚信自由市场及其对社会的改造，讴歌不受约束且会带来不可预测影响的资本主义。保守主义，顾名思义，使命是保卫和守护，保持现状、守护传统、尊重过去。哈耶克却有着革命者一样的狂热和执念，声称如果不

① 约翰·拉姆斯登（John Ramsden，1947—2009），英国伦敦大学历史学教授，对保守党历史有深入研究。

能让足够多的人皈依自由市场道路，那么“文明的未来”就岌岌可危，这跟保守距离很大。事实上，《自由宪章》最后一章标题就是“为什么我不是一个保守派”。

不管怎样，撒切尔[①]凭借哈耶克的书，不仅改变了英国，也改造了保守党。在她领导下，保守党变得前所未有地狂热和意识形态化，她的名字已和“主义”连在一起，这在保守党领袖中是第一个。该党放弃对稳定的关注，将自己重新定义为不满现状的变革性力量。撒切尔宣称，“经济学是方法”，“目的是改变人们的灵魂”。她像哈耶克一样模棱两可地对待“保守”标签，自问自答道：“什么是保守党真正的问题？是它的名字。我们不是一个‘保守的’政党，我们是一个创新、有想象力、崇尚自由、开辟新方向、重获民族自豪感、有全新领导力的政党……这不‘保守’，这个名字完全错了。”

创新、想象力、开辟新方向，即便保守党在竞选策略中常使用这些概念，却不是他们一贯的典型价值追求。被看作保守主义创始人的18世纪政治思想家埃德蒙·伯克认为，“创新精神”是很多邪恶事情的根源，革命者的问题就在于有太丰富的想象力——一种自负无脑、亟待开辟未来的好奇心——以至于他们无法欣赏过去和当前的魅力。正如政论家奥克肖特[②]在1956年颇具影响力的论文《论保守主义者》中所说的，“做一个合格的保守主义者，就是倾向熟悉而非未知，倾向尝试过而非未经尝试，倾向事实而非传说，倾向现实而非可能，倾向有限而非无限，倾向眼

① 作者为行文简便，多用撒切尔代替撒切尔夫人。
② 奥克肖特见引言注释。

前而非遥远，倾向够用而非过多，倾向合适而非完美，喜欢当下的笑声而非乌托邦式的幸福。”撒切尔在上述这些相互对立中似乎站在错的一头，她还能被称为保守党人吗？

许多人，不管是左翼还是右翼，对撒切尔的激进主义感到震惊。保守党元老伊恩·吉尔莫①不知所措地哀叹说，她的政治立场“不是保守主义的，完全是反动的”，当时的保守派哲学家约翰·格雷②谴责其为“右派中的革命主义”，并指出哈耶克的影响是罪魁祸首。另一位保守派思想家罗杰·斯克鲁顿③将撒切尔主义与马克思主义相提并论，因为两者都特别强调经济学。当然马克思主义者不会高兴。牛津大学马克思主义哲学家杰里·科恩宣称撒切尔是对保守党价值的“背叛”，并发表了题为《从保守党人手中拯救保守主义》的论文。

然而今天，撒切尔俨然成了英国保守主义的代表人物。她是保守党最成功的领导人，连续三次赢得大选，而且根据民调，也是党内最受欢迎的领导人，远远超过丘吉尔等其他任何人。撒切尔非但没有背叛保守党传统，反而成了保守党的标杆：其他人必须将自己同撒切尔比较，并宣誓效忠于撒切尔主义，否则很可能会受到背叛保守党的指责。2022 年保守党领袖竞选期间，两位主要竞争者莉兹·特拉斯和里希·苏纳克都千方百计地证明，自己是撒切尔遗产的真正继承人而不是对方。竞选中高举撒切尔大旗

---

① 伊恩·吉尔莫（Ian Gilmour，1926—2007），曾在希思政府中任国防大臣，在撒切尔政府中任枢密院掌玺大臣。

② 约翰·格雷（John Gray，1948—），英国政治哲学家和作家，曾任伦敦政经学院教授。

③ 罗杰·斯克鲁顿（Roger Scruton，1944—2020），英国新右派哲学家，美学和政治学作家，主要倡导古典保守主义，批评新自由主义。

的策略肯定错不了。

撒切尔以一己之力重新定义了什么是保守主义，让自己从背叛者变为被神化者，这与其强大个性不无关系。但不能夸大她对保守党的改造程度。毕竟“撒切尔主义”中许多信条，早于这位同名领导人就已出现。进入20世纪以来，保守党人日益信奉“自由主义”。丘吉尔阅读了哈耶克的著作，保守党主席、第一代克利西罗男爵拉尔夫·阿舍顿1945年印刷分发了1.2万本节略本《通往奴役之路》，作为该党竞选主要宣传品。撒切尔承认，丘吉尔1950年的竞选及其口号“给人民自由”激发鞭策了她。另外，像基思·约瑟夫[①]和伊诺克·鲍威尔[②]这样对撒切尔有重要影响的保守党人，都很早就成为激进自由市场主义的卫道士。

实事求是地说，保守主义是可以涵盖不同方向主张、容纳不同情感诉求的意识形态。在任何一个重要问题上，如自由市场、福利国家、少数民族权利、欧盟成员国身份、民族主义或军事干预主义，你都会发现保守党有自相矛盾的立场。党内更是有五花八门的保守党人：“一个英国”托利党人、超级托利党人、自由市场保守党人、富有同情心保守党人、进步保守党人、撒切尔主义者、自由意志主义者、温和者、强硬者，等等。一些保守党人是中间道路者和自由主义者，另一些人是极端主义者和威权主义者，许多人则是混合体，既是自由主义者又是威权主义者，将自由市场与强力政府相结合，在主张经济自由的同时讲求严刑峻法和社会秩序。

---

① 基思·约瑟夫（Keith Joseph，1918—1994），英国大律师和政治家，在麦克米伦、霍姆、希思、撒切尔四位首相内阁中任职，被称为“撒切尔主义”产生的关键人物。

② 伊诺克·鲍威尔见第一章注释。

就像那些最成功的意识形态一样，保守主义有容乃大，保守党内力量对比与时流变，此时边缘成为主流，彼时主流成为边缘，并没有不变的、将党内各派统一在一起的信念和动机。看一下该党的过去，就会发现其对稳定、自由、法律和秩序等保守信条的信仰和坚守并不坚定一贯，对延续性的追求也不一致。保守主义是一种社会意识形态，保守党却经常否认意识形态的价值，有时也否认社会的意义；保守主义这一时期理智温和，另一时期却孑然走向反动；它背书自由，对民主却态度暧昧；怀疑地看待思想和知识分子，却让世上最昂贵、最顶尖学校和大学的毕业生来领导自己，超过四分之三的保守党领袖毕业于牛津或剑桥大学，约一半曾就读于伊顿公学、哈罗公学这样的顶尖精英私校。历史上，保守主义是英国统治阶级的圭臬，但却被等同于英国国民的价值观，代表他们的利益和特性。

在保守党内那些似是而非的矛盾中，保守主义同资本主义的关系问题非常引人注目。伊诺克·鲍威尔曾说：“无论保守党代表什么，除非它支持自由选择、竞争和自由企业，除非它是一个资本主义政党——我不怕用资本主义这个词，它在当代世界就不起任何作用。”今天普遍认为保守主义与资本主义相互从属，但他们并不是天生就和谐匹配。资本主义追求“快速行动，打破一切”和“创造性破坏”，推崇“创新”，作为一种经济体系，无视传统与国界，为了追求利润，毫无敬畏，不惜颠倒黑白。正如萨莉·鲁尼[①]小说《美丽世界，你在哪里》中主人公爱丽丝观察到

① 萨莉·鲁尼（Sally Rooney，1991—），爱尔兰年轻女作家，关注年轻世代遭遇的阶级、身份鸿沟等社会问题，多部作品获奖。主要作品有《聊天记录》《普通人》《美丽世界，你在哪里》等。

的,“市场交易将一个外在的社会对象全部吞入肚中,然后再排出,什么都不留下,也没有意义和记忆。”这样一个过程有什么“保守”之处?保守党议员戴维·威利茨在1997年出版的小册子《为什么投票给保守党》中回忆,他登门拜访选民时,被告知保守党已变得认不出了,不是保护而是专门搞破坏的“拆除队”。

资本主义和保守主义表面看起来不可分割,但围绕下述问题不断产生争论:市场应该有多“自由”,该容忍多大程度的平等或不平等,自由同法律秩序之间怎样平衡,和谐与竞争之间以及国家和个人之间怎样平衡。与这些意识形态两难选择交织在一起的,还有战略选择难题:怎样在民主时代让特权与不平等政治也受欢迎?怎样更好地掌握住政权?这一系列的关切定义了保守主义。在不出格情况下,党内不同派系、不同观点激烈交锋。

在一个声称不需严格遵循明确宗旨和信条的政党内部,被指责为背叛再寻常不过。几乎每一位保守党重要领袖,不管任职时还是下台后,其保守主义色彩都受到敌对派系质疑,罗伯特·皮尔、本杰明·迪斯雷利、斯坦利·鲍德温、温斯顿·丘吉尔、玛格丽特·撒切尔、戴维·卡梅伦和鲍里斯·约翰逊莫不如此。被指责背叛了保守主义,其实恰恰是保守党特点的体现。甚至连所有保守党人都认可的保守主义思想家埃德蒙·伯克,都不是一个严格意义上的保守党人,这也说明了该党有关标准的复杂与模糊。要了解保守党传统本质,伯克是有用的起点。

埃德蒙·伯克是保守党人中最接近哲学之王的人物,可以说是保守主义最完美的化身。但伯克不是天生的保守主义者,死时也不是，而是生后被追认为保守主义者。伯克 1797 年去世，几十年后的 19 世纪 30 年代，“保守主义的”这个政治标签才广为人知。但到了 20 世纪初，伯克不知不觉已成为保守主义信条的“创立者”：赞同谨慎改革，坚定维护现状，警惕政治修正主义者和激进主义者的危险妄想。据迈克尔·戈夫[①]的说法，伯克是保守党人“最伟大的英雄”。

伯克 1729 年生于爱尔兰，年轻时移居英国，成为辉格党议员，因反对法国大革命而声名鹊起。许多人为攻占巴士底狱和推翻法国腐朽政权感到高兴，伯克却感到震惊。他在 1790 年《法国革命论》中写道，建立基于“平等”和“自由”抽象原则上的新社会这一想法太激进，它推动的革命，“带来最可怕、最残暴、最震撼人心的景象，足以引起人类的怜悯和愤慨”。随着革命进入恐怖统治，伯克的预言成真。鉴于“人类的无知和易错”，英国宪法慎重、低调、安静地采用未成文形式，伯克对此大为赞许，因而受到英王乔治三世肯定，他写信给伯克说，“英国所有绅士都应该感谢你，因为你支持了他们符合绅士身份的事业”。

从那时直到 19 世纪 80 年代，伯克更多因其辩才而非政治哲学为人铭记，但随着呼吁爱尔兰自治和扩大普选权声音的增加，保守党人将一个更加政治化的伯克从墓中唤醒，称伯克是国家的捍卫者，讨厌不安分的改革者及其危险的诺言。为了竞选，保守党需要具备更有吸引力的政治特性，需要提出值得奋斗的社会目标和治理愿景。尽管伯克生前是辉格党人，思想立场并不鲜明，

---

① 迈克尔·戈夫（Michael Gove，1967—），英国当代保守党资深议员，曾任多个部门大臣，与约翰逊关系密切。在第七、第八章中还将反复出现。

但却能够满足保守党的需要。1912 年，时任保守党议员兼作家和商人的阿瑟·鲍曼称:“伯克的著作包含了最完整的保守主义思想，并且用最恰当的语言表达出来。”

伯克生前受到同僚和环境排挤，其关于谨慎改革和努力进步的言论被认为太过中庸，无关痛痒。成为保守主义思想之父后，他不仅名垂青史，且被视为大思想家。他的言论契合了保守派的特性和需要，人们像念咒一样重复着他的格言:“良好秩序是一切美好事物的基础”,“礼仪比法律更重要，法律很大程度上依赖礼仪”,“国家有能力作出改变，才能更好地保全自己”。他在《法国革命论》中为“英格兰永恒”唱赞歌:“四百年过去了，由于对革命的顽强抵抗，由于民族性格的冷漠迟钝，英格兰还是英格兰，没有实质改变，我们依然带有祖先印记。”伯克认为这是好事。他还有保守主义者特有的悲观主义色彩，当他快死时，非常害怕英国发生革命，据历史学家说，“他让人将其遗体秘密埋葬，以免胜利的民主人士挖出来亵渎”。

全面来看，伯克是一位比保守党人认为的更大胆、更复杂的思想家，既有进步的一面，也有反动的一面。他抨击东印度公司对印度和其他地方进行的帝国主义掠夺，对所谓“地缘道德”说法嗤之以鼻，即一旦越过赤道线，就可以不讲道德。他捍卫美国革命者拿起武器反抗殖民统治的权利，反对英国政府对其爱尔兰同胞的压迫，支持天主教徒解放，很早就制定了废除奴隶制的计划，尽管立场偏颇且不完善。与此同时，伯克对人与人社会经济权利平等的主张怀有强烈敌意，称之为“可怕的幻想”，认为人分三六九等，社会才能正常运转。

伯克赞美温和的品德，同时认为政治、经济和社会不平等是一种必然甚至是应然，因为人有弱点，会犯错误，任何减少贫困或削弱贵族阶层的改革方案都会适得其反。伯克认为，只有上帝和商业法带来的社会变化可以接受，而上帝和商业法基本是一回事。伯克写到，“政府或富人没有权限擅自向穷人提供必需品，上天对其自有安排”，“商业法则”就是“自然法则，也就是上帝的法则”。

一言以蔽之，所有的不平等自有原因，干预是愚蠢的，穷人可以求助的只能是市场。周围满是痛苦、贫困和特权现象，伯克却惊叹市场“能够真正、正确、快速和普遍公正地解决不平等问题”。

约 200 年后，人们指责撒切尔的狂热风格背叛了伯克保守主义，殊不知伯克当时就极端信仰自由市场、“蔑视穷人”，崇拜同时代的自由放任经济学之父亚当·斯密，称斯密的《国富论》“可能是最重要的书”。斯密和伯克都视市场为奇迹，比任何政府或改革者集团都要聪明得多。斯密建议说“顺其自然是目前为止最好的政策”。伯克的经济学主张经过以哈耶克为首的奥地利经济学派的宣传，20 世纪才广为人知，哈耶克称赞伯克是“真正个人主义的伟大代表”。

所以，尽管伯克的政治哲学并不系统化和立场鲜明，却成为现代保守主义的合适起源，提供了现代保守主义的核心理念：赞美传统，热衷资本主义，反对国家干预，以自由市场来抵消人们的易错和不足，承认不平等的合理以维护社会稳定，偏好当下和现实而非未来和乌托邦。伯克思想中进步和反动成分并存，显得具有无限可塑性，使其保守主义奠基人的地位更加稳固，也预先决定了保守主义思想具有难以捉摸、充满矛盾的性质。

就像伯克称赞英国宪法一样，保守主义者愿意将自己的思想说成是一种松散的、不成文的智慧积累，随时代发展自然产生，看重稳定、先例和传统而非革命和抽象思想。保守党人偶尔通过书籍或文章总结其信条，但多数情况下都强调保守主义的不可编纂性。迈克尔·奥克肖特独特地称保守主义“不是一种信仰或学说，而是一种性格”。托利党元老伊恩·吉尔莫也认为，“英国的保守主义不是‘主义’，也不是思想体系，更不是由一系列主张汇总成的指导纲领，它不是意识形态或信仰”。

保守党人刻意让保守主义富于神秘色彩，对任何原则性东西保持怀疑，因而保守主义就不能被看作是学说或信仰。如果保守党人愿意接受某种“主义”，那就是现实主义，只同现实打交道。相比之下，左派则很幼稚，整天给自己画大饼，幻想能够用这些大饼填饱肚子。撒切尔在接受哈耶克等人的理论时强调，有必要指出其政策“不是普世的政治理论，而是切实可行的办法”。事实总是证明托利党人务实之正确。就连哈耶克也强调，他的思想传统“同完美主义有距离，也远不同于那些缺乏耐心的激情改革者，他们嫉恶如仇，以至于忽视自己行动可能带来的伤害和不公”。

当然，每一种意识形态都强调重视“现实”，指责对手忽视当前。但保守党人的现实主义姿态对他们的政治特性尤为重要，他们基于现实才不接受民众的希望、梦想和对正义平等的呼吁，称这是成熟、有爱心的表现，一点儿也不自私残忍。伯克曾庄重表示：“我必须亲眼看到、亲手碰到那随时变化的现实情况，才能着手提出任何的政治计划。”这种强调政治实然而非政治应然的态度，始终为保守党人所共有。他们关切现实具体的而非想象抽象的，心安理得地利用“现实具体”为政治服务。

撒切尔沿袭托利党人的一贯做法，耸人听闻地宣称“没有社会这样的东西”，引起了诸多争议，以至于首相府不得不发表声明加以澄清：“首相更喜欢将社会看作是个人和家庭的集合，而不是一个抽象概念。”这是保守党人偶尔涉及哲学概念之辩的情况。他们对“福利”或“公共支出”持类似观点，强调说公共支出就是在花纳税人的钱。一脉相承地，特拉斯 2022 年竞选保守党领袖时，为了给人留下自己像撒切尔的印象，斥责《太阳报》前政治编辑汤姆·邓恩说：“你问我会不会补贴困难家庭以应对飙升的能源账单，汤姆，要清楚这不是在做施舍，是在花纳税人的钱！……我很生气你和其他媒体都用左翼思维来看待问题。”

保守党人对抽象原则的怀疑也体现在种族主义问题上。经过几个世纪种族主义思考和实践，实现种族平等哪怕是形式上的平等都不容易，由社会偏见和无意识举动形成的不显眼的种族歧视无处不在，远不是对法规法条进行重新措辞就能改正的，故而有“结构性种族主义”或“制度性种族主义”的说法。但保守党人反对甚至嘲笑这一说法，认为其不存在。2021 年 5 月，保守党政府委托编纂了一份报告，结论中写道，“许多年轻人声称国家存在制度性种族主义做法，这一‘理想主义’的看法没有证据支撑。”用“理想主义”来说年轻人，再用“证据”来否定，表现出一种居高临下的态度。同年 10 月，加拿大保守主义心理学家兼哲学家乔丹·彼得森在节目《提问时间》上更加过分，声称只有搞种族歧视的个人，而没有“种族主义”，并伴以夸张手势，还说：“应该问的问题是，谁，什么时候，做了什么，否则就好像在讨论所谓的结构性种族主义，当如此抽象时，就解决不了问题。”

保守党人喜欢用“常识”来指导行动，而非像左翼那样进行理论武装。尽管“常识”也是一个抽象概念，却在保守党的指导手册中占据突出位置。时任保守党领袖威廉·黑格2001年大谈“常识革命”。十年后，托利党人实行紧缩政策，卡梅伦宣称：“我们的主张是，常识有利于公众利益。”约翰逊经常引用“常识”，称其为对抗新冠病毒的“唯一最强武器”，而不是科学模型或社会强制措施。2020年夏天，一群保守党后座议员成立了“常识小组”，鼓吹一项新的“独家”发现，即84%的公众同意“我们需要在这个国家恢复常识”的观点。特拉斯一度被认为是他们的“常识冠军”。2021年，乔丹·彼得森被授予“常识协会”首届罗杰·斯克鲁顿爵士奖。苏纳克称自己的方法为“常识撒切尔主义”——将两个最能代表保守党的符号都用到了。保守党人无论怎么改变，对“常识”的执着总是不变。

“常识”的美妙在于，它几乎可以意味着任何东西，同时也给保守主义思想提供日常表述的基础。这对一群很少有“共同点”的政客特别有吸引力，是一条将苏纳克、约翰逊和卡梅伦等人串起来的磁力线，让他们成为“常识中人”。借助常识概念，保守党传递出该党与普通民众观点相同的信息，同时又未明说是什么观点，上演了一出想象中的共识剧，这既是保守党一贯的擅长，又反映出其虚假谦逊和反智主义特点。20世纪初的首相、老贵族阿瑟·贝尔福谦虚地回答什么是他的政治指导原则时说：“我想是常识吧?”他和卡梅伦、约翰逊等共计20位首相均毕业于伊顿公学。

推崇常识，将本能凌驾于专业知识之上，揭示了保守主义中的民粹主义成分。贝尔福堂弟休·塞西尔勋爵断言:“我开始相信，没有什么比政府管理者的卓越更危险的了。”前首相、牛津大学优秀毕业生麦克米伦表示:“一个国家的优秀人才在一些关键时刻总是错的。不要信任他们。”迈克尔·戈夫在英国脱欧公投期间宣称英国公众厌倦了专家，正是延续而非背离保守党的传统。贝尔福的叔叔索尔兹伯里勋爵1877年说:“生活经验深刻教导我们不要信任专家，如果你相信医生，就没有什么有益于健康；如果你相信神父，就没有人是无辜的；如果你相信士兵，就没有什么是安全的。要用大量常识来稀释他们的浓酒，否则难以下咽。”

当本能凌驾于专业知识之上，治理水平就难以保证，起关键作用的不是努力工作、培训或专业知识，而是玄乎其玄的东西。这就引出了保守主义中最具争议性的一点，即认为有人天生就是统治者。保守主义同时包含民粹主义和精英主义因素，作为意识形态，它圆滑而难以捉摸。已故保守主义哲学家、自由市场倡导者肯尼斯·米诺古写道:“保守党人将统治视为一种特殊的奥秘技能，可以通过实践和榜样学到，但不是每个人都可以，只有在那些长期作为统治阶级的人士中能得到最大程度的开发。”政治学家卡尔·曼海姆1929年也确认了保守主义思想这一特点:“仅仅拥有正确知识、掌握特定法律规范，对政治领导人来说还不够，还需要一种经过长期磨砺的内在本能，引导他找到正确答案。”

今天很少有保守党人还会这么说，但他们仍旧致力于维护和提升特定统治阶级，这由保守主义特性决定，保守党人有强烈的天之骄子感。当卡梅伦被问到为什么要当首相时，回答耐人寻味："因为我觉得我很擅长。"卡梅伦的曾曾祖是奴隶主，父系一边有三代人上过伊顿公学，母系一边有六代人上过伊顿公学，在保守党内和王室都有亲戚朋友，难怪如此自信。

保守党人大谈常识，但并不热衷让具备常识的普通人自己统治自己。我们已经看到，他们历史上曾反对扩大普选权，对民主改革热情不高，即便同意改革，也是出于巩固权力的考虑，不是出于对人民的信任。一人一票意味着全国范围内人人平等，同保守党的主张恰恰背道而驰。伯克很好地概括了保守党对民主问题的倾向性认识，他说，从事底层工作的人如理发师等"不应受到国家压迫，但如果让这些人做统治者，国家就会遭殃"。

在整个19世纪，以及之后的许多情况下，保守党人都认为"天生贵族"最适合统治社会，就从生活闲暇这一点看，他们有时间客观考虑国家事务。形成对比的是，"对大多数工人，"皮尔首相时期的内政大臣詹姆斯·格雷厄姆爵士说，"吃喝、工作和死亡构成生命的全部，这是他们的命运。"索尔兹伯里勋爵同样认为，公众"忙于养家糊口和日常琐事"，只能"部分地、间歇地"参与公共事务，给予他们管理社会的发言权，显然对他们自己和社会都没有好处。

保守党人对民主概念不感冒有两个相互关联的原因。第一，因为它否定了统治阶级天生的优越性和智慧，损害了国家治理；其次，因为它错误地看重"平等"，假定每个人的意见都同样作数。迪斯雷利认为："人生而平等原则是现代有害学说，给国家带来莫大伤害，让伟大种族走向衰败，毁掉世界上所有天才。”（第五章中迪斯雷利毫不掩饰地指出了哪个种族是“伟大种族”）索尔兹伯里同样认为，如果民主大行其道，“整个社会将由无知民众统治，他们形成庞大的政府机构，由一些教育程度有限但很狡猾的煽动者领导……简单说，这意味着富人将缴所有的税，穷人将制定全部法律”。

保守党人对民主的矛盾心态持续存在。哈耶克在撒切尔推崇的《自由宪章》中也瞧不起工人，称他们的生活“不过是在有限空间中程式化运行”。民主投票权在哈耶克心中没有太大价值，他说：“民主政体运行有可能完全缺乏自由，独裁政体运行有可能非常自由，独裁政体暂时存在也不是不可接受。我个人更喜欢自由主义独裁者而非缺乏自由的民主政府。”

哈耶克 1962 年送给葡萄牙独裁者安东尼奥·萨拉查一本《自由宪章》，称可能对其有所“帮助”。萨拉查 1932 年至 1968 年统治葡萄牙 36 年。哈耶克 1977 年和 1981 年两次访问智利，会见军事独裁者皮诺切特。皮诺切特 1973 年通过美国支持的政变上台，铁腕执政，以《自由宪章》命名智利新颁布的威权宪法，哈耶克欣然认可。哈耶克访智后，还请求撒切尔在经济问题上效仿皮诺切特。撒切尔首相同智利独裁者建立了良好关系，在回复哈耶克的信中赞扬皮诺切特的经济改革是“一个值得学习的成功范例”。但她也有保留：“我相信你会同意，由于英国的民主制度和需要广泛的民意支持，智利的有关措施难以被采纳，我们的改革必须符合英国传统和宪法。”

撒切尔口头讲“英国传统”，却多以威权主义方式行事。她强行通过人头税（Poll Tax）[①]，知道这会把贫穷的工党选民变得更穷。工党1992年遭遇意外失败时，撒切尔打趣说“人头税还是起作用了”。她推动一系列立法，削减罢工权，给予警察更多镇压游行示威的权力，更加严厉管控边境，修订《地方政府法》第28条禁止学校传授任何正面描述同性恋的内容。她曾试图恢复死刑，因争议太大而作罢。近年来保守党一系列反民主举动，如强令议会休会、试图将扰乱性抗议非法化、抨击法院、虚构威胁来强行实施选民身份证、更加严厉地镇压罢工，等等，与撒切尔的做法如出一辙。托利党人号称敬重“英国人民”，不过是在掩盖其对民主的深深厌恶。

《每日电讯报》2018年5月8日的文章假设性提问：“哈罗德·威尔逊首相差点被军事政变推翻，杰里米·科尔宾会被军事政变赶下去吗？”然后自己回答说：“除非事态变得不可收拾。”可以想象，如果这种情况真的发生，右派一定欢迎。皮诺切特1973年推翻智利民选政府后，《泰晤士报》为其辩护说：“无论武装部队所做的事情正确与否，事态发展使理性的军人凭良心认为，干预是他的宪法义务。”被约翰逊称为“现代最伟大的保守主义思想家”、已故斯克鲁顿曾说：“没有保守党人将民主作为自己的政治准则和信条”，此言非虚。

我们清楚，保守主义厌恶变革，主张维护社会等级，不信任民主，反对要求更加平等的主张，认为存在特定统治阶级对社会

① 人头税，将重在对家庭收入征税改为向每个成年人征税，1990年实施当年即遭到强烈抵制，成为撒切尔下台的原因之一，梅杰出任首相后不久即取消人头税。

有利。我们也知道，哈耶克《自由宪章》最后一章的标题是“为什么我不是保守派”，刻意与保守主义拉开距离，称保守党人原本都“害怕变革”，却注定“被拖上一条不是自己选择的道路飞奔”，所能做的顶多是踩踩刹车。

哈耶克对保守党人这一批判的背景，关乎保守党历史上一个方向不同以往的时期，也反映出保守主义较强的应变能力。二战后那些年，政治潮流与今天大不相同，两次世界大战的影响，强化了工人阶级的阶级意识，深化了英国国内平等主义主张，最终导致工党 1945 年首次获得议会多数席位。提高税收、公共服务部分国有化、建设强有力的福利国家等，基本成为社会共识。经济学家梅纳德·凯恩斯称，他崇拜伯克思想丰富，并从中汲取灵感为国家干预经济思想服务。保守党人在谈论“中间路线”，调和自由企业与充分就业、社会和谐与高税收间的关系。保守党 1947 年发布的“工业宪章”内容丰富，一边重弹老调，指责工党奉行“教条主义政治理论”，呼吁注重“现实主义”和“自由机会”，一边承诺要保障工人权利，保持若干行业的国有化形式。

哈耶克坚决反对这种左倾倾向，想通过其著作将保守党从昏睡中唤醒，激励他们采取行动、恢复坚定信仰。他不停地说，政治上不需任何新东西，只需回到更早、更传统、更明智的做法，经济上要“重新教导、重新阐述”自由市场经济学。他的信徒撒切尔以同样的方式布道称，自己的经济方法是回归“真正的保守主义”，学者谈自由市场，而托利党人更信奉折中的混合经济。当英国广播公司采访者提到“市场理论”时，撒切尔不以为然地说：“不不不，市场不是一个理论，是最古老的乡村经济体系。”撒切尔 1979 年上台后写信给自由派智库“经济事务研究所”创始人拉尔夫·哈里斯说：“有赖于你们的奠基性研究工作，保守党才重拾指导过往成功的哲学思想。”哈里斯 1955 年在哈耶克支持下成立“经济事务研究所”，是撒切尔首相最早推荐进入上院的新晋贵族之一。

因此，撒切尔计划的不是一场革命，而是一种回归，人们争论撒切尔或哈耶克是否是保守主义者时都忘了这一点。对这两人来说，战后的民主，以及累进税、公有制、重视平等、强有力的福利国家等，是一种失常，一种需撤销的实验。是时候回归行之有效的东西——“市场自然秩序”了。

还有其他保守党人也在呼吁回归。基思·约瑟夫 1974 年将自己的书命名《逆转趋势》，表明了其立场，后来还成为撒切尔的亲密盟友。一名地方保守党协会主席 1976 年宣称：“我认为，撒切尔当选领袖标志着保守党重拾传统意识形态。”撒切尔对信念的极度执着和坚定，让其与众不同并极大地鼓舞了党内人士，甚至她的批评者。她用包括引用《圣经》在内的传统方式来说明自己有坚定信仰，1979 年第一次竞选首相时表示：“我是一个有信仰的政治家，《旧约》中的先知并未说‘兄弟们，我要和你达成共识’，他们说‘这是我的信仰，我对此深信不疑，如果你也信，我们就是同道’。”

撒切尔狂热地追求回归，让人们认识到保守党传统中另一个敏感点——保守党的激进色彩。保守主义常被看作是激进主义的对立面，但保守党内部却允许甚至鼓励激进主义的存在，只要能服务于追求回归的目的。保守党议员约翰·海耶斯对作者说：“我希望我的墓志铭是‘猛烈地守护温和’，这也是保守党的旨趣。”

海耶斯所说的“温和”，事指的是英国世代传下来的古老传统、习俗和制度，久经考验而不事张扬，与喧腾的革命、新社会规范、国家干预等正好相反。海耶斯本人是保守党内高调的文化卫道士，据说是时任内政大臣苏拉·布雷弗曼[①]很信任的顾问。

在保守党人看来，教条主义本身可以原谅，但相信能够建立一个新的、未经检验、更加平等的社会的教条主义不可原谅，而捍卫或回归旧社会秩序的教条主义则另当别论，因为保守党基层有很多人以教条式的狂热和愤怒追求回归。

就连保守主义温和的代表人物埃德蒙·伯克也认为，要对抗激进分子，有时需表现得和激进分子一样，“为了摧毁敌人，你需要具备同敌人一样级别的力量和气魄”。与伯克同时代的、早期女权主义者玛丽·沃斯通克拉夫特从伯克的思想中看到了一位穿着绅士服装的革命者，她给伯克的信中写道：“仔细阅读你的《法国革命论》，让我一直强烈感到，如果你是个法国人，即便循规蹈矩，也会成为一个激烈的革命家。”所谓真正保守主义一定意味着头脑冷静与温和，是神话而不是现实。

为实现回归目的可以随时采取激进手段，解释了为什么保守党人有时一点儿也不保守，只要认为传统可以得到保护或恢复，他们就会理所当然地去颠覆现在。英国脱欧就是一个最好的例子。脱欧派将自己的破坏性行为视为对 40 多年超国家一体化趋势的扭转，是一种回归，攻击欧盟一体化是需要撤回的“失败实验”，就像撒切尔经济改革回到市场传统一样。撒切尔描述法国大革命有一种“乌托邦企图”，试图以知识分子的虚荣和抽象思想推翻传统

① 苏拉·布雷弗曼（Suella Braverman，1980—）是苏纳克首相时期的内政大臣。

秩序。脱欧派是在同推翻传统秩序的乌托邦企图作斗争，以便恢复原有统治者的正当地位。服从布鲁塞尔精英的时代已经结束，英国的传统精英托利党人将夺回控制权。

这就是撒切尔夫人与脱欧派的共同之处——狂热追求目的甚至不惜带来动荡，也是他们都属于强硬保守派的原因。他们都以消除之前保守党政府不良影响为己任，撒切尔认为保守党首相麦克米伦和伊登等对工党的集体主义采取了绥靖政策，而脱欧派对希思政府带领英国加入当时的欧洲经济共同体十分不满。他们同伊诺克·鲍威尔看法一样，将英国主权让渡给新生的超国家体，使“保守党变得不再是保守党……而成为难以理解的陌生者”。

不是说只有撒切尔主义或脱欧主义才是“真正的”保守主义，而是他们和温和派都属于保守主义传统。很多政治评论的错误在于，挑出保守主义某个特定元素将其打上“真正的”保守主义记号，而将其他元素视为非常态或捣乱的局外人。认为保守主义很单一，单一理智或单一反动，就太片面了。

保守党拥有这样的高超技巧：知道何时展示自己的哪一面，需要温和时温和，需要激进时激进。因为所有保守党人都笃信，一切为了、一切服务于掌握更多权力。但这种技巧或策略，让人难以判断保守党在对立的真诚信仰与虚假权宜之间、真心转变同狡猾障眼法之间、立场坚定同被迫让步之间，到底属于哪一个。很多时候仅从表面难以看出保守党的立场和目的。例如，保守党人说不喜欢空泛地谈论政治理论和理想主义，包括希望建立一个更加平等社会的理想。这是保守党引以为傲的务实立场，还是一种阻止上述理想实现的特别策略？保守党人真心认为社会不可能建设得更加公正，还是内心不喜欢一个更平等的社会？战后保守主义因何转向？保守党前财政大臣、建立“战后共识”的关键人物拉布·巴特勒表示，该党的使命是“维持旧秩序，这需借助安抚和容纳威胁它的进步势力才能做到”。另一位“中间路线”建筑师昆汀·霍格[①]进一步给出理由：“如果你不给人民社会改革，他们就会给你社会革命。”

许多保守党人相信，保守主义意识形态对自己和他人都很有利，尽管他们已给人留下口是心非、两面做派的印象。索尔兹伯里私下写道：“说托利党不喜民主就意味着对穷人福利漠不关心，是一种需要纠正的荒谬错觉。”当代的汉南勋爵[②]用笑话传递了保守党人类似的想法：“‘你们保守党人讨厌穷人’，‘是的，我们想把他们都变成富人’。”保守党人一贯认为，社会不是救世主，个人慷慨行为加市场魔力才是救世良方。伯克在英国饥荒期间写道，私人慈善是解决饥饿问题的唯一办法，是“所有基督徒义不容辞之责”，政府“能做的有限，其他方面亦是如此”。保守主义始终认为政府不应该发挥大的作用。2017年保守党议员雅各布·里斯－莫格[③]认为食品银行数量创纪录增加“令人振奋”，反映民众自力更生、相互救助，而不是依靠国家，“表明这是一个多么好、多么富有同情心的国家”。实情是，保守党政府的经济政策，导致

---

① 见第一章注释。

② 汉南勋爵（Lord Hannan，1971—），全名丹尼尔·汉南，英国作家、记者，曾代表保守党出任欧洲议会议员，现为英国议会上院保守党议员。

③ 雅各布·里斯－莫格（Jacob Rees-Mogg，1969—），英国议会下院保守党议员，曾任下院多数党领袖和内阁大臣，本书中多次出现。

需要食品银行帮助的人数从2009年、2010年的4万增至2021年的256万，对该政策是否有效、是否有同情心等问题，里斯－莫格只字未提。

同时保守党人几乎百分百地相信自由市场能够带来生活水平的提高。他们坚称，左派重新分配财富的计划是错误的、有害的，会剥夺人们神圣的责任感和能动性，滋生依赖和坏习惯。自2010年以来，儿童贫困率和食品银行使用量急剧上升，表明保守党解决贫困问题的方法效果不佳。然而保守党大谈个人责任却得到普遍反响。强调个人责任、爱国主义和繁荣愿景等的保守主义，到底有多大吸引力，容我在后续章节讨论。

有很多保守党人声称关心贫困问题，但关心平等问题的少之又少。这与保守主义意识形态核心问题有关。保守党人不仅视不平等为理所当然，还经常有意制造不平等，认为不平等是社会进步的引擎。社会学家菲利普·诺顿[①]和亚瑟·奥吉伊[②]在1981年出版的《保守党人与保守主义》中写道："保守党的核心作用是，制定保护财富和权力等级制度的政策，让其在民主国家明确而合理。"抵制财富再分配是保守党经久不变的信念之一，从埃德蒙·伯克到鲍里斯·约翰逊，再到莉兹·特拉斯（她出任和卸任首相都与维护银行家奖金密切相关）和里希·苏纳克，都坚持这一点。二战后，保守党人一定程度上接受了公共服务国有化、增加税收和公共支出，否则，工党就会长期掌权，那样就会导致更

① 菲利普·诺顿（Philip Norton，1951—），英国议会上院保守党议员，大学教授，主要研究议会政治。

② 亚瑟·奥吉伊（Arthur Aughey，1953—），英国北爱尔兰大学教授，主要研究英国政治。

大规模国有化、更高税收和更多公共支出。他们进一步，实际上是为了退两步，分配财富是为了抵制更进一步的财富分配。

眷恋等级制度、笃信不平等有利于包括底层在内的所有人，是保守党人根深蒂固的内心想法。资深保守派记者佩里格林·沃索恩[①]曾说，保守党的“全部目的”是“将贵族统治想法转化为对应的民主形制，即让精英主义或家长式治理体系得到民众广泛认可”。财富再分配理念有悖于这一目的，还会经常造成社会骚动和恐慌。丘吉尔1945年竞选期间，宣称工党政府会用到“盖世太保”来实施其福利政策。貌似温和的保守党领导人麦克米伦一年后称：“社会主义基本理念看起来不错，但实施起来却容易走向可怕的极权主义国家。”2019年约翰逊以同样方式攻击工党：“他们假装只是仇恨亿万富翁阶层，但针对某一个人所展现出的复仇心和得意感，同苏联早期迫害地主富农时一模一样。”

保守党人深信宏大社会改革计划注定失败，反对财富再分配，认为长期形成的精英阶层、利益和制度不仅优越，也没必要改进。保守党人一向同权贵利益站在一起，认为挑战精英的权力财富太危险而不能接受，对致力建立更公平社会的人深恶痛绝，称那些人自己往往被送上断头台和古拉格集中营，并歪曲他们的进步主张，说向左走一步就是通向奴役之路。保守主义的一个突出特点是，意识形态与战略策略不好区分，因为历史上保守党的意识形态和战略策略只为一点服务：维护英国精英统治地位及其财产合法性。

① 佩里格林·沃索恩（Peregrine Worsthorne，1923—2020），英国记者，专栏作家和节目主持人。

第三章

统治不列颠精英之不断进化

“英格兰托利党人曾长期认为，他们热衷于君主、教会和古老的英国宪法，直到危险关头才承认，他们仅仅热衷于地租。”

——卡尔·马克思1852年《路易·波拿巴的雾月十八》

“无论执政还是在野，伟大的保守统一党都应该掌握伟大帝国的命运。”

——阿瑟·贝尔福首相1906年演讲

“如果这个愚蠢的小资产阶级女人再给我找麻烦，我就辞职。”

——外交大臣卡林顿勋爵1979年至1982年某时谈及撒切尔

1963 年 10 月，当哈罗德·麦克米伦首相宣布辞职时，保守党十巨头聚在一起按古老仪式挑选其继任者。十巨头中九人曾就读伊顿公学，多人为贵族。他们选了一位和自身非常相似的人：亚力克·道格拉斯－霍姆勋爵，老伊顿人，第 14 代霍姆伯爵，看起来像 19 世纪的老古董，但在很多托利党人眼中，这恰恰是魅力所在。麦克米伦通知女王说："霍姆勋爵是古老统治阶级的一个完美代表，那些合理公正看待英国历史的人，都知道这是一个很好的选择。"

60 岁的霍姆有着镀金履历：担任议会下院议员 20 多年，中年继承父亲的伯爵头衔和祖先留下来的四个世纪之久的城堡，1951 年进入议会上院，还出任过几年外交大臣。其他国家，一波波的民主变革、战争和外部侵略早已将贵族和老旧精英扫地出门，英国上层至今还令人惊讶地存在这样的人物，且未经选举就能够担任政府最高职位，这何其荒谬。这不像是在选首相，更像是在选教皇，十巨头挑选第 14 代霍姆伯爵成为民主历史悠久的英国首相后，也该有一缕白烟升起在空中。

对保守党来说，这再正常不过。霍姆之前的七位保守党领袖中，六位未经党内选举或全国大选就成为首相。保守党很愿意将首相职位看作是保守党领袖的私有财产，像传承祖父怀表或家庭农场一样传承唐宁街的钥匙。保守党的天选之子可以先掌握政权，再通过选举得到民主认可。

保守党自身一直有些家族产业的味道。从1830年罗伯特·皮尔到1965年道格拉斯-霍姆爵士，12位保守党领袖中，有九位的父亲或岳父是保守党要人。20世纪30年代，保守党仍被戏称为“表兄会”（the cousinhood），因为该党众多议员彼此都是亲戚，429名议员中三分之一可归入同一族系，每五名议员中就有两名是贵族。某些姓氏和头衔高亮醒目，如塞西尔或索尔兹伯里（Cecil or Salisbury）、德比（Derby）和德文谢尔（Devonshire）等。1960年，至少有19名塞西尔家族成员担任议员。家族纽带被视为荣誉徽章，表明自己在党内有根。1902年，罗伯特·索尔兹伯里勋爵将首相职位传给了他的外甥阿瑟·贝尔福，后者在内阁会议上称他的前任为“舅舅”。颇有影响力的伦道夫勋爵是温斯顿·丘吉尔的父亲，一度差点儿就能出任保守党领袖，其祖父是第七代马尔伯勒公爵，公爵曾任托利党大臣，公爵的父亲和祖父都是托利党议员。丘吉尔首相的侄女嫁给了丘吉尔的继任者伊登首相，伊登的继任者麦克米伦是第九代德文谢尔公爵的女婿。麦克米伦政府中有七位公爵亲戚在亲密共事。

接替麦克米伦的霍姆更完美地显示了统治阶级的连续性。霍姆的显赫血统上溯更久，其祖上于1828年至1830年间，即皮尔成立现代保守党前夕，在威灵顿公爵的托利党内阁中任职。威灵顿公爵当时宣称：“我所希望的，是国家可以在没有发生内战的情况下，不是突然而是渐进地改变，给个人利益和财产带来尽可能少的损失。”让威灵顿内阁成员之一的后代、第14代霍姆伯爵进驻唐宁街10号，保守党可以说实现了威灵顿公爵的愿望：老牌保守党人依然掌权，其财产和利益多少完好。自威灵顿以来时代已发生巨变，民主扩大、帝国解体、英国衰落、工人阶级崛起、工业和技术不断进步。但当霍姆成为掌舵人，英国的过去和现在像一个八字蝴蝶结般完美绑在一起，过去和现在没什么大的不同。

但这种统治阶级永恒不变的幻想转瞬即破。1964 年大选，任首相仅 363 天的霍姆以微弱劣势败给工党，成为英国自 18 世纪以来任期最短的首相，也是 20 世纪初阿瑟·贝尔福之后第二位一次大选都没赢过的保守党领袖，还是最后一位由非选举方式产生的保守党领袖。1965 年初霍姆下台前，确立了通过正式选举产生领袖的方式。许多人以为，在电视和普选时代，包括保守党在内的任何明智的政党，都不会推出像霍姆这样的老伊顿人来做领袖了。一度被视为英国绅士永久统治象征的霍姆，现在看来更像是旧统治阶级最后的喘息。

接下来的 40 年似乎证实了这一假定。霍姆的三位前任丘吉尔、伊登和麦克米伦都有地主贵族背景，都上过顶级私立学校，一位出自哈罗公学，两位是老伊顿人，而他的三位继任者希思、撒切尔和梅杰则来自平民阶层，也未受过私立教育。1990 年，当道格拉斯·赫德竞选领袖，得知自己因伊顿和地主背景可能被排除在外时，气愤地说："这是逆向歧视，我是在竞选保守党领袖，不是某个激进马克思主义教派的头领。"记者杰弗里·惠特克罗夫特在《观察家报》上哀悼"老伊顿人迎来终结"。

然而在托利党国，时光可以向前，也可能倒流，多数死亡预告都言之过早，任何有影响力的制度、习俗或阶级，尤其是同保守党联系密切的，都不会轻易消亡。那些私立学校毕业生处于即便守势，依然有巨大影响力。在撒切尔和梅杰政府中，有 61 名之多老伊顿人担任部长，与50年代、60年代人数为同一级别。撒切尔五位外交大臣中的三位，以及1982年至1983年间的首席政策顾问、第三代芒特男爵费迪南德·芒特都是老伊顿人，芒特的祖父、曾祖父和曾曾祖父都是就读于伊顿公学的保守党政治家。保守党仍然由老手守护。

时至今日，旧的统治阶级又重新走向前台。2005年来的四位保守党领袖中，卡梅伦和约翰逊两位是老伊顿人，也都是王室远亲。卡梅伦庞大的家族世系树上包含若干公爵、子爵，还有托利党巨头，上面提到的费迪南德·芒特是卡梅伦的表兄弟之一，卡的另一位亲戚达夫·库珀曾是丘吉尔时期的政府大臣。保守党2015年竞选宣言起草六人组中，五人是老伊顿人。甚至有时竞争领袖的对手还来自同一圈子。2019年竞选领袖时输给约翰逊的财政大臣杰里米·亨特[①]，是伊丽莎白二世女王远亲，其祖上斯特林舍姆·马斯特爵士在17世纪英国殖民印度时发挥了重要作用。

保守党精英同以往相比也更加多元化，老伊顿人同公立学校毕业生并立，地主士绅与银行家、资产阶级和暴发户握手，帝国统治者的子孙同原殖民地国家臣民的后代并肩而坐。在议会下院保守党议员中，老伊顿人的数目已降至11，不到百年前的十分之一，但议会上院议员中仍有80多名老伊顿人。即使保守党吸纳了新面孔、改变了口音和做派，适应了当代现实，其统治精英的老根还在，深深影响着党内的决策和议程，确保世人皆知的英国统治阶级的连续性。

---

① 杰里米·亨特（Jeremy Hunt，1966—）是苏纳克首相时期的财政大臣，在梅、约翰逊政府中也曾担任要职。

英国保守主义思想和实践意识形态色彩不浓，而是紧紧依赖实用主义、传统和“常识”，有较强适应能力。在温文尔雅的外表下，保守党目标清晰不变：始终掌握权力，抵制财富再分配，维护精英统治的正当与合法。英国旧统治精英没有被推翻而是被接纳，关键的是，接纳进了保守党。

许多国家经过战争、入侵、革命、内战、独立等重大事件后，重新构建或确立政治制度，而英国相对和平的历史中没有发生类似重大事件，传统精英一直稳定存在和自我发展。即便 17 世纪英国发生旷日持久的内战，进行军事独裁和宗教斗争的国王查理一世被砍头，也未引起社会动荡，最终议会认可王室重返政坛，彼此还得到强化。用历史学家佩里·安德森[①]的话来说，这是“欧洲大国中最温和的资产阶级革命，让整个社会结构几乎完整保留”。

17 世纪以来的工业革命、普选权扩大、工党崛起、1922 年爱尔兰自治、帝国终结、加入和退出欧盟等时代进步也震撼到英国，但在保守党等主导下，英国政治体制基本未变，王室、议会上院、英国国教、不成文宪法、精英私校和保守党自身等制度柱石屹立不倒。

这些持久存在的柱石，成为英国国家身份不可或缺的组成部分。英国人当为自己悠久的制度、庄严高贵的君主和贵族院感到骄傲，从这些柱石中看到集体象征和民族特性：喜欢安静、不去烦扰他人（当然也曾征服世界）、不喜欢极端、剧变和革命暴力，

① 佩里·安德森（Perry Anderson，1938—），英国马克思主义历史学家、新左派理论家和政论家，作品主要聚焦于西方马克思主义。

因而在历史上，统治阶级在保持连续性的同时，还明智地应英国人民要求推行了民主，尽管人民最初没有投票权。

用统治阶级善于维护自身利益并与时俱进来解释英国历史发展，虽不全面，但有一定道理。1789 年法国大革命是说明问题的合适例子。法国大革命推翻了旧体制，激发了欧洲邻国很多类似狂热运动。英国统治精英阶层以外部动荡为戒，采取行动维持强化内部现状，无论辉格党还是托利党，贵族还是商人，公爵还是实业家，出于对恐怖革命的害怕而彼此握紧了手。塞缪尔·罗米利爵士[①]在 1840 年出版的回忆录中说："王室遭摧残、贵族被羞辱、富人财产被没收、神职人员遭迫害、国家破产，以及由此产生的各种邪恶，几乎将所有对公众舆论有影响的人团结在一起。"

哈佛大学政治学家丹尼尔·齐布拉特[②]在《保守党与民主的诞生》一书中探讨了为什么像英国这样的少数国家近现代避免了革命，而许多欧洲国家未能，归结出一个重要原因是，有一个坚强有力、资源丰富的保守主义政党，并定义其为代表统治阶级利益的政党，指出"在英国，尤其是保守党，当然也不限于保守党，发现并发挥现代政党的动员作用，使他们能够有效保护自身利益。有点讽刺的是，这反过来推进了平稳民主化之路"。

右派推进民主化的理论，同我们的直觉相反。一般认为，左翼不满于现状，那些慷慨激昂的革命者希望推翻旧秩序，建立一个更公平、更平等的社会，而不关心是否造成损害。但齐布拉特

① 塞缪尔·罗米利（Samuel Romilly，1757—1818），英国律师、政治家和法律改革者，曾在巴黎见证法国大革命。

② 丹尼尔·齐布拉特（Daniel Ziblatt，1972—），美国政治学家，主要作品有《民主怎样死亡》《保守党和民主的诞生》等。

用他掌握的大量证据表明，社会中最不稳定的力量很可能来自右翼，他们往往包含社会中最富有的特权阶层，手握大量服务于自身目的的资源。这些人一旦意识到自身优势受到威胁，就会迅速行动，甚至不惜采取叛乱方式来夺回或强化他们的控制权。而强有力的保守党可以起到缓解特权阶层恐惧、让他们愿意参与到民主游戏之中的作用，从而为和平的民主改革铺平道路。

对齐布拉特来说，保守党比其他老党更好地适应了现代化，更成功地使旧统治阶级的统治得以延续。19 世纪和 20 世纪英国社会和世界发生巨变，国内经济快速变革，工人被赋予选举权，对外不断扩张，1900 年，英国成为世界上第一个工业化经济体、全球最大商品进出口国和历史上最大的帝国。但不变的是，地主贵族阶层继续活跃于社会上层并发挥着统治作用，在议会、内阁、文官、军队和英国国教教会（绰号“托利党教会分部”）中无处不在，这在其他国家非常少见。因而，横跨全球的工业化强国，仍旧由住在自己的乡村庄园、静观世界变化的英国乡绅形象来代表，将贵族的傲慢优越、讲究礼貌、海盗精神、粗犷现代性和帝国暴力性融为一体。

同时这位英国乡绅对自己的未来忧心忡忡。19 世纪即将结束之际，索尔兹伯里将争取民主的斗争描述为“有产者与无产者之间的斗争，前者是为了保住其财产，后者是为了获得财产。这就是纯粹政治理论迷雾散去后的真相。”各种受压迫群体发起的社会运动从规模和方式上都史无前例，给现状带来很大威胁。19 世纪 30 年代和 40 年代，为争取扩大选举权发起宪章运动；19 世纪工会兴起，为更好工资和工作条件而斗争；20 世纪初兴起争取妇女普选权运动。但保守党最终化解了这些重大威胁，在以某种方式让步的同时，又进一步巩固权力。他们明白，没有一种社会秩序永恒不变，应对办法就是，通过机诈权变和偶尔好运，让社会表面加以改变，保持基本的财富和权力结构不变。1928年，保守党推动改革，同意给予所有成年女性投票权后，未来的保守党首相安东尼·伊登称："今天我们还没有建立完全民主的政府，我们从来也没有过，我愿大胆建议，我们永远不应该有。我们在改革和进步过程中所做的，就是不断扩大寡头统治的基础。"

要说最能体现旧统治阶级的延续和稳定的，恐怕就是具有深远影响的英国老三样了：君主、议会上院和精英私立学校。王室和议会上院（也称贵族院）完全与现代民主的机理背道而驰，都是世袭统治和古代等级制度的象征，未经选举就掌握着权力、影响和声望，存在太久以至于难以追溯源起，既是英国特性不可或缺的组成部分，也是托利党国的理想，与统治阶级利益密不可分又声称超越其上，当其他现代制度起起落落时，二者未受改革影响而挺立至今。

对君主制的忠诚是保守主义的基础。在17、18世纪，"托利党"一词指的是那些支持约克公爵詹姆斯继承王权的人（詹姆斯一度成为国王），托利党的对手辉格党则因宗教原因反对此事，因而托利党有了保皇派的意味。一个世纪后，法国大革命尤其是包括王后玛丽·安托瓦内特在内的王室成员被处决，给埃德蒙·伯克带来极大震撼，他写道："骑士精神已荡然无存，欧洲荣耀将永远熄灭。我们再也看不到对王后这样高贵女性的无限忠诚，那种带有骄傲和尊严的服从是一种真心景仰，让崇高自由精神超越臣属关系而闪光！”

王室为现状增添了神圣光环，让永恒成为人们心心念念的幻想，保守党和王室都珍视现状、追求永恒，自然彼此心有灵犀。1894 年，尚未继承王位的乔治[①]评论道：“王室的存在是一种掩护，借此掩护来做些事，从而避免革命及其恶果。”一百多年后，罗杰·斯克鲁顿在《保守主义的意义》一书中写道：“毫无疑问，君主制是最合理的政府形式。”

在英国现代历史进程中，王室不仅体现了保守党的理想，还数次主动作为来支持保守党的事业，无论是迟滞民主变革还是阻止爱尔兰自治。19 世纪 80 年代，工人阶级快要获得选举权时，维多利亚女王宣称自己“不能也不会成为扩大民主的女王”，[②]与推动选举权改革的自由党首相威廉·格莱斯顿[③]关系冷淡。20 世纪的头 10 年，自由党政府试图推动爱尔兰自治，当时的国王是乔治五世，王宫与保守党通信讨论怎样阻止自由党。牛津大学历史学家伊恩·麦克莱恩对此挖苦道：“国王秘书交给反对党领袖一封信，就如何阻止国王陛下的政府行动提出建议，这是否涉及违宪就见仁见智了。”

这些不是孤立事件，王宫成员多次试图进行有利于保守党的干预。20 世纪 60 年代，一场针对工党首相哈罗德·威尔逊的预

① 即后来的乔治五世国王。

② 一般认为，英国 1832 年通过《大改革法案》第一部，给予 7% 成年男性投票权、重新分配议会席位后成为真正议会民主制国家。

③ 威廉·格莱斯顿（William Gladstone，1809—1898），英国政治家，最早也是托利党人，1959 年加入自由党，后四次担任首相。

谋政变涉及一名王室成员，即菲利普亲王的叔叔蒙巴顿勋爵，还有情报部门、军队和媒体等其余建制机构的人员，这些机构同王室一样倾向于保守党。蒙巴顿梦想将帝国统治带回国内。前情报官员布莱恩·克罗齐尔承认游说军队反对威尔逊，称他们“认真考虑了军事接管的可能性”。记者乔纳森·弗里德兰2006年写道：“这是英国的水门事件，是一场旨在扭曲人民民主选择的阴谋。”此事尚缺乏一些细节，要不是奈飞公司制作的热门电视剧《王冠》中的一集涉及此事，这一丑闻早被遗忘。《王冠》总体上将王室塑造为民主的伟大捍卫者。

最后举一个不算丑闻但极有说服力的例子。1988年6月15日，王宫有人打电话给保守党中央办公室，告诉他们王室支持一位正在保守党内找工作的年轻人。这位王室匿名来电者说：“我知道你要报告戴维·卡梅伦，我尽力劝他不要浪费时间从政，但他不听。他可是一位了不起的年轻人。”卡梅伦与王室有诸多联系，很多人可能为他说话，所以至今无法确定那人身份。可能的推荐人之一是卡的家庭朋友、时任菲利普亲王私人秘书的布莱恩·麦格拉斯爵士，也可能是时任女王会计官的上尉阿拉斯泰尔·艾尔德爵士，他的妻子是卡梅伦的教母，但两人都否认打过电话。

总之，是有人打了电话，保守党也听明白了电话的建议。卡梅伦后来担任了保守党领袖，继而任政府首相。2014年苏格兰公投，半数多一些的人选择留在联合王国之内，苏独未成气候，卡梅伦因而有理由认为自己没有辜负王室对他的信任，并在不知有录像情况下，向另一个国家的领导人吹嘘说：“什么是如释重负感？就是作为英国首相，打电话报告女王说‘别担心，已经搞定了’，女王在电话那头满意地‘呵呵’两声。”

在确保英国统治阶级稳定发展方面，议会上院可能比君主发挥着更重要的作用。保守党在近现代大部分时间里拥有上院多数席位，他们的如意算盘就是，即便输了大选，起码能保住两院中的一院，这也减轻了对民主选举的担忧。当自由党 1906 年大幅胜选时，抱有上述想法的保守党领袖阿瑟·贝尔福不光彩地声称：“无论执政还是在野，伟大的保守统一党都应该掌握伟大帝国的命运。”

几乎整个 19 世纪和 20 世纪，以及 21 世纪以来的大部分时间，保守党拥有对议会上院的控制权。1906 年，自由党在下院赢得的席位是保守党的两倍多，而保守党在上院的席位几乎是自由党的五倍，并不吝使用这种非经选举产生的权力，上院成为旧统治阶级的最后一道防线。上院打破几个世纪以来的惯例和神圣习俗，接二连三地否决自由党的提案，给政府施政造成很大障碍。1912 年，保守党对爱尔兰自治计划日益感到不安并流露出诉诸暴力的倾向，《经济学人》注意到并评论说：“我们无法回避一个非同寻常的事实，即保守党领袖确凿地反复鼓动发起内战。”

为了反制保守党阻挠自由党施政的企图，政府推出几项限制上院权力的改革：除世袭贵族外又引入非世袭的终身贵族；监督新贵族任命；允许女性成为上院议员等。但上院仍是保守党行使权力的重要机构。1974 至 1979 年工党政府期间，上院五年内 300 多次否决工党提案，而对撒切尔保守党政府，上院 11 年内仅 156 次否决其提案。

工党1997年竞选宣言中承诺取消世袭贵族只保留终身贵族，布莱尔上台后用近十年时间改变上院组成结构，使其更能适应工党占下院多数的现实。2006年，布莱尔成为200多年来第一位让保守党丧失上院控制权的首相，并拟进一步大规模改革上院。但改革成果未能持久。保守党2010年重新上台后，迅速纠正历史反常现象，让上院新增100多个议员，2015年重新夺回上院多数。上院现有近800多名议员，全部为非选举产生，是美国参议院人数的七倍多（英国人口只有美国五分之一），且无上限，为世界第二大立法机构，规模仅次于中国的全国人民代表大会，同时还为神职人员保留一定议席，使英国和伊朗成为世界上仅有的两个这样做的国家。

布莱尔未能按计划成功废除所有世袭席位，部分原因是影响力很大的索尔兹伯里家族势力出面阻挠。以索尔兹伯里首相的曾曾孙克兰伯恩子爵为首的上院保守党议员威胁布莱尔，如果取消全部世袭席位，将带来宪法大混乱。克兰伯恩2021年回忆说："我用索姆河①和帕森达勒②威胁他们，就是要让他们胆战心惊。我不是认真的，这在宪法上说不过去，但我就这样说了。"由于克兰伯恩，《1999年议会上院法案》允许上院"暂时"保留近100名世袭议员席位，其中包括第15代霍姆伯爵，此人后来做了金融机构考慈公司主席，专为女王理财。在英国民主核心机构之一的议会上院中，目前仍有85名世袭议员，依其身份集体享有17万

① 索姆河是法国河流，一战时发生的索姆河战役异常惨烈。

② 帕森达勒战役，也是一战期间英法同德国展开的一次激烈战役，双方都遭受巨大损失。

英亩土地，其中39人为老伊顿人。

上院最能表明英国旧统治阶级的政治韧性。即使是现在，你若有钱有势就可被授予贵族头衔进入上院，不需要选举就有权统治国家，这让贵族精神和风气得以延续。将有影响力的局外人纳入自身行列是英国精英的一贯做法，上院引入终身贵族即是如此。不同于其他国家，英国贵族不限于通过世袭和婚姻产生，任何有价值的局外人都可被封为贵族，发挥贵族的作用。讽刺作家威廉·萨克雷1848年在《势利之人》一书中写道："我们对任何阶层的任何人说，去发财致富、收取高额律师费、做精彩演讲、让自己脱颖而出、赢得战斗，那么你，就是你，将进入特权阶层，你的孩子将有权统治我们的孩子。"

通过这种方式，上院让保守党权力得以延续和发展，并与时俱进地扩大了该党的支持基础和所代表的利益。随着新的财富和影响力阶层出现，有必要通过授予贵族头衔拉拢他们以免其成为潜在争权者。在欧洲其他地方，崛起的资产阶级通常希望取代老贵族，而在英国，他们梦想加入其中。迪斯雷利1836年在《辉格主义精神》中宣称："英格兰革命和欧洲大陆革命之间的区别是，大陆革命是为反对特权而斗争，英国革命则是为争取特权而斗争。"历史学家戴维·伊格尔顿[①]写道："到19世纪末，几乎没有一个大商人不被封为贵族"。

新旧精英通过血缘、爱情、教育、金钱和自身利益的纽带，联结成成分复杂的大家庭，既有老爵爷也有新暴发户，如索尔兹

① 戴维·伊格尔顿（David Edgerton，1959—），英国历史学家和教育家。

伯里侯爵和撒切尔女男爵（昵称“玛吉”Maggie），旧宠和新贵牵手，公爵和实业家并列。新贵往往通过保守党渠道进阶，他们对保守党的支持有助于巩固现状，反过来也得到贵族头衔带来的好处：地产、议员地位和阶层尊重。乔治·奥威尔在《狮子与独角兽》书中有一段著名的话，言简意赅地描述了这一融合：

> “1832 年后，逐渐失去权力的旧地主贵族没有退出历史舞台或成为活化石，而是同取代他们地位的商人、企业家和金融家通婚，很快将新贵变得和他们自己一样。于是乎，富有的船主或棉纺厂主把自己看作乡绅一样，送他的儿子们到培养贵族的精英私立学校学习正确的礼仪。”

正如奥威尔所写，同上院一样，英国的精英私校为新旧精英融合提供了另一个场所，教给他们相同的价值观和信仰，培养共同的优越感。因此，当英国统治阶级在多元化，精英寄宿学校的教室也是如此，将“贵族后代和资产阶级之子”一并容纳。

伊顿公学最为典型，该校以改革求生存，与时俱进地扩大精英范围和标准，实行的仍是精英教育，自身像贵族一样坚韧不拔。与君主和上院一道，伊顿公学给人以英格兰永恒的梦幻。学生身着燕尾服、背心和硬领，校园背景是古建尖顶、板球场和小教堂，让人既感到时空穿越回到过去，又感到这英国老绅士依然健在，活得很好。这就是为什么保守党人圈子会密切关注伊顿公学内部政治，如校长、课程、学生组织和扩张计划，等等，他们知道，托利党国的未来掌握在学校手中。

自1721年来，历任英国首相中一多半即30位毕业于牛津大学，其中的三分之二受到精英私校教育。记者西蒙·库珀在《托利党一小撮牛津大学校友如何接管英国》一书中写道："精英私校培养出的未来托利党人到牛津上学时，各方面已经成熟了，私校已给他们上大学所需的信心、口才和专长……他们不用再花时间学习新口音、适应新生活，他们知道自己将来要干什么。多数学生刚刚就位起跑线时，他们已跑完一半。"

过去一些年，精英私校体系优势地位有所下降。20世纪60年代，伊顿公学每五名学生中就有三名是校友的儿子，到了20世纪80年代，已变成五分之二，而现在是五分之一。私校已日益不再具有家庭内部传承的影子。精英私校在议会中的存在感也明显减少。1997年，议会下院议员中竟没有一位是哈罗公学的毕业生，这在英国现代史上还是头一遭。十年后伊顿公学也遭遇了自己的耻辱，2007年，戈登·布朗组建了迄今为止唯一一个不包括老伊顿人的英国政府。

但最近，英国政治顶层又到处活跃着老伊顿人的身影：卡梅伦和约翰逊先后任首相，夸西·克沃滕[①]、雅各布·里斯-莫格[②]任内阁大臣，康沃尔公爵夫人（现英国王后）的侄子本·埃利奥特是保守党首席筹款人，军界有前总参谋长马克·卡尔顿-史密斯将军，宗教界有坎特伯雷大主教贾斯汀·韦尔比，当然还有英

① 夸西·克沃滕（Kwasi Kwarteng，1975—），英国保守党议员，特拉斯任首相时的财政大臣。

② 雅各布·里斯-莫格，见第二章中注释。

国未来的国王威廉王子。2020 年，英国政治文化精英指南《名人录》所列出的 5238 位名人中，老伊顿人的数量超过另外四所著名精英私校校友人数的总和，即温彻斯特学院、哈罗公学、威斯敏斯特公学和马尔伯勒学院。二十年前杰弗里·惠特克罗夫特“老伊顿人终结”的结论看来是下早了。

英国 14 世纪就有了系统的贵族建制，最顶端是君主，接下去有公、侯、伯、子、男爵士及其夫人，大约 700 年后的今天仍保留着上述建制，君主代表最高主权，各种世袭爵位及受封荣誉称号令人眼花缭乱，英国公民严格说来是臣民。这些时代错配是现实而不是戏剧。英格兰约一半土地由不到 1% 的人口拥有，其中三分之一由一小撮老权贵家族占有，且占有这些土地已达几个世纪。

让我们以英国历史上最古老、最富有、最有影响力家族之一的德文谢尔家族为例。该家族成员从 14 世纪起就始终游走在权力走廊上，到 2022 年，第 12 任德文谢尔公爵佩里格林·卡文迪什还以九亿英镑净资产位列《星期日泰晤士报》富豪榜，他上过伊顿公学，住在有 300 个房间的庄园豪宅里。家族建立者约翰·卡文迪什爵士是一位政治家，1381 年，农民因反对农奴制和不断增加的税收而爆发起义，把卡文迪什爵士拖过市镇广场后斩首，将其房子和酒窖洗劫一空。不论是卡文迪什爵士还是杀害他的人，没有谁能够想到他的后代 600 多年后仍会拥有如此财富和影响力。

英国政治制度和习俗古老而灵活，能够软化激进的政治野心，同时又让新来者感到威严和压力，不断提醒人们英国是多么古老和珍贵，议会似乎在说，英国几个世纪以来一直没变，你凭什么认为可以改变？政治社会秩序的长寿，鼓励其捍卫者为传统而战，为传统也就是为托利党国而战。

英国议会下院虽称为平民院，但下院议员也能一窥贵族生活堂奥，这里的每一位政治家，无论其背景如何，都被称为“尊敬的议员”（the honourable member），用下院行话来说就是“代表议会应有尊严”。议会辩论基调受到礼仪规则严格约束，违规者会受严惩。2022 年 7 月，工党议员道恩·巴特勒只因称约翰逊“一次次向下院和国家撒谎”而被逐出议会。有大批不同层级、身着宫廷或管家礼服的工作人员穿梭其间为议会议员服务。负责安保和重大仪式的人被称为“看门人”，起源追溯可到 13 世纪，那时，他们按标准穿黑色燕尾服、打白色领结、配炫目金色“腰带”。一个硕大权杖置于下院辩论大厅中央桌上，完美象征着君主立宪。谁不为这样的壮观、排场、秩序、永恒的景象所折服？下院最重要的议员是首相，他从任职起，就会收到专属乡村庄园“契克斯”（Chequers）的钥匙，即刻获得贵族生活方式，历任首相都是如此。

玛格丽特·撒切尔的经历能说明很多问题。她是英格兰中部格兰瑟姆（Grantham）一小店主的女儿，上的是平民文法学校，却成为保守党第二位选举产生的领袖、英国第一位女首相，其崛起似乎是对旧统治阶级的严重冲击，标志着英国社会不可逆转地从贵族统治向唯才是举的趋势过渡。撒切尔曾说：“我根本不在乎你是什么背景，只要你有能力和成绩，就有机会爬到最高层。”

从撒切尔的举止难以看出她出身平民。她下功夫学会了上层阶级的习惯用语和口音，只有 2% 的英国人有这种“习得口音”，往往是受过精英私校教育或权贵才会拥有。她嫁给社会地位比她高的人，在给姐姐的信中这样介绍自己未来的丈夫：“丹尼斯·撒切尔少校在伦敦有一套公寓（大约36岁，很有钱）……如我期待的，他是一位完美绅士，虽然不是型男，有些矜持，但人很好。”

最终，撒切尔夫人习得的人设比她的平凡出身更大地影响了自己的政治生涯。在她的领导下，英国没有迎来一个平等或贤能政治新时代，而是更加有力地捍卫世袭特权，让旧统治阶级重焕青春。她的内阁中91%的人接受过精英私立教育。她大幅削减对富人的税收，不平等现象加剧，公司税从52%降到1990年的34%，对个人所得税的最高税率从83%降至40%，1979年她上台时，英国最富有10%人的税后收入是最底层10%人的五倍，到1997年这一比例翻番达到十倍。有人说她创造了经济发展奇迹，国内生产总值（GDP）上升，但不是每个人都感受到了奇迹。1982年，失业率达到创纪录水平，大多数人税收负担增加。正如伊恩·吉尔摩[①]所说：“奇迹是对富人而言的，加在穷人头上的只有牺牲。”

统治阶级不但未被削弱，还进一步扩张。外国银行蜂拥而至，新的精英不断加入。撒切尔之前，英国股市不到十分之一为外国资本所有，到20世纪末，外资控制英国股市的比例超过三分之一。伦敦成为世界金融之都和主要避税天堂。英国最富有的集团不再有明显贵族色彩，也不再那么本土化。反映英国最富有居民财富状况的《星期日泰晤士报》富豪榜1989年开始发布，当时头20名中有十名是贵族，到2018年时，头20名中只有两名是贵族，进入头200名所需的财富门槛也比以前高了23倍。

① 见第二章注释。

精英阶层规模扩大同时，老贵族获得新活力，尽管撒切尔强调论能力不论资历。她的自由放任经济政策对任何有资产的人来说都是福音，贵族因数代财富积累和地产继承等而拥有巨大资产。一个贵族家庭的平均财富战前是2300万英镑，1967年降至490万英镑（已考虑通货膨胀），从20世纪80年代起重新开始上升，目前约为1690万英镑。我们所熟知的英国贵族在褪色辉煌中穷度余生的形象，不过是为某种目的所作的虚构。当第12任德文谢尔公爵2011年称“贵族不是正在死去，而是已经死了！”时，其净资产达5亿英镑。

总之，撒切尔的崛起没起到600多年前“农民起义”的效果，却让统治阶级找到一个代言人，结果富人变得更富，老精英们重新恢复自信。撒切尔的官方传记作家查尔斯·摩尔在传记中讲了一件小事：拉特兰公爵给撒切尔首相写了封信，工作人员复信时用了“亲爱的拉特兰先生”的抬头，这令撒切尔异常生气，怎么能忽略公爵称号呢？撒切尔非常看重贵族荣誉称号，任期结束前，特意为其丈夫争取到男爵头衔，成为过去60年中唯一这样做恐怕也是需要这样做的保守党首相。这位号称凭能力当首相的象征性人物，余生将以撒切尔男爵夫人的抬头、在高贵的伦敦贝尔格莱维亚社区价值300万英镑的豪宅中度过。她已办完了成为英国贵族阶层一员的所有手续。

撒切尔的平民出身让其同贵族打交道时多少存在矛盾，她的出现本身就挑战了保守党维护世袭财富和特权的宗旨，但撒切尔本人比许多同时代人和前任更加热爱旧统治阶级及其价值，像那些新晋权贵一样，撒切尔只想成为其中一员。道格拉斯－霍姆爵士仍是她心目中理想的保守党领袖，撒切尔在20世纪90年代说："霍姆是个了不起的人，如果他更愿意与人沟通，会仍在领导保守党。"

一些贵族找到一个解决这一矛盾的不是办法的办法，就是让人相信撒切尔其实也是贵族。查尔斯·摩尔称，一种"在保守党内广为流传"的未经证实的说法是，撒切尔的母亲是贵族哈里·卡斯特的私生子，是她祖母给卡斯特家当女佣时发生不正当关系的产物。撒切尔有着卡斯特一样的蓝眼睛，绝对的贵族气质。同撒切尔紧密共事多年的保守党议员朱利安·阿梅里男爵肯定地说："她无疑有贵族血统。"

照这种说法，撒切尔的先祖17世纪就是贵族，其祖父、曾祖父和曾曾祖父都上过伊顿公学，她完全不是异类，而是旧统治阶级惊人连续性的又一证明，托利党国的自然秩序未被破坏。但查尔斯·摩尔在撒切尔传记中否定了这一说法，其结论是："细节根本对不上。"摩尔本人是传统保守党人、老伊顿人，他明白这种说法流行的原因。

2022年3月的一个下午，摩尔在议会上院接受我的采访时表示，保守党和英国统治阶级看重传承与延续性，"许多保守党人内心认为，领袖品质通过基因遗传而来"，并进一步说：

> 上层阶级会将其与赛马或猎犬等动物繁殖进行比较。纯种马图谱可以上溯到18世纪，从18世纪初的达利阿拉伯马传下来，每一匹纯种马都能溯源，否则就不是纯种马。他们

> 认为，贵族的传承与此类似，那些优秀品质通过遗传和精心培养而一代代传承。他们对撒切尔贵族出身的说法最初会一笑了之，但头脑中对这种将其贵族化的企图又不愿放弃，你想象不到甚至现在还有人在动这方面的脑筋。现代科学让我们更加了解基因，因而增加了那些保守党人在这方面继续挖掘的兴趣。

摩尔提到的“那些保守党人”当然不代表所有保守党人，他对保守党人的心态了解很深。摩尔出生于1956年，毕业于牛津大学，1984年至1990年任《旁观者》编辑，1992年至1995年任《星期日电讯报》编辑，1995年后任《每日电讯报》编辑，鲍里斯·约翰逊受其聘请成为《每日电讯报》明星记者。摩尔2020年受约翰逊首相举荐进入上院成为摩尔男爵，他热爱猎狐、打松鸡，是一个老派伊顿人，又紧跟时代，支持英国脱欧，批评留欧派脱离现实。

在摩尔看来，“表兄会”不光是对关系紧密精英团体的昵称，也是统治阶级关起门来培养领导能力的理想场所，它代代相传，尊重和服从它符合每个人的利益。这种看待社会的方式无论多么不民主，但从保守党人内心来说都是正确的。保守党人的基本信念是，特权阶层最适合领导国家，他们能享受特权都有当然之理（保守党人并不管因特权导致生而不平等），特权本身也是保守党人要捍卫的对象。经济学家奈杰尔·哈里斯[①]观察到，在保守党历

① 奈杰尔·哈里斯（Nigel Harris，1935—），英国经济学家，伦敦大学学院教授，对当代政党政治和移民等热点问题多有研究。

史上，有些人希望加强君主权力，有些人希望加强政府权力，有些人倾向为商人利益服务，但不管何时，不管他们内部倾向如何，全体保守党人都是以维护统治阶级利益为共同关切的。

保守党面临的挑战，就是除了少数精英群体外，如何让尽可能多的人即英国民众支持这一目标，让他们相信不平等符合他们的利益。自 19 世纪晚期选举权扩大、工人阶级成为选民大多数以来，保守党为保住权力，所迎合的就不只限于原有统治阶级了，而是动员跨阶层支持，表明该党政策为全体国民服务，尽管其根子上代表的仍是原有统治阶级利益，如卡梅伦所说，我们大家要同舟共济。

第四章

论英国国民的保守主义底色

“不论哪个阶级阶层的英国人，都真真切切地认为自己本质上是贵族。”

——约翰·斯图亚特·密尔 1858 年致吉塞普·马齐尼的信

“保守党人不过是英国人的另一个称号而已。”

——昆汀·霍格 1967 年《托利主义与明天》

“我对英国人总体没有好感，他们认为一位英国年长女主是印度人的女皇和整个非洲的女王，这也太脱离现实了。”

——詹姆斯·鲍德温[①]1985 年接受保罗·吉尔罗伊采访

① 詹姆斯·鲍德温（James Boldwin，1924—1987），美国作家和民权活动家，特别关注种族平等问题。

2015年11月8日星期日，全英国1100多万人在电视机前观看ITV[①]热门电视剧《唐顿庄园》的大结局。这是关于住在唐顿庄园的贵族家庭及其众多仆人的故事，背景为20世纪早期，正值贵族走向没落、社会充满变动和不确定之时，电视剧却描绘了一曲乌托邦英式田园牧歌，其间人人彬彬有礼，富人尽责担当、当仁不让，穷人安分守己、心怀感激。2019年拍摄的《唐顿庄园》电影中，伯爵的大女儿玛丽·克劳利小姐苦苦思索是否要削减庄园规模并问出声来："我这是在干什么?"她的贴身女仆为打消其顾虑，这样回答："我的小姐，让我来说您在干什么，您是这里工作生活的人的主心骨，唐顿庄园是这个郡这个村跳动的心脏，您给心脏注入继续跳动的动力。"

保守党时常奏响"一个英国"主旋律，向国人宣布，尽管存在较大不平等，但英国人都自豪、快乐、和谐地生活在一个大家庭中。《唐顿庄园》受到热捧，表明对旧统治阶级的维护并不限于少数上层人士。社会严格有序、尊崇传统、热衷宏大，这对那些被边缘化的人也产生了吸引力，因为它承诺向每个人提供生活目标。《唐顿庄园》制片人朱利安·费洛斯2011年说："我想，在生活不顺、暴躁盲动的时代，人们看到英国历史上有那么一个时期，不管伯爵还是佣人，人人各安天命、各做其事，这样的故事一定让人感到慰藉。我不是说那样就一定对，而是说不管楼上还是楼

① ITV，英国独立电视台。

下，每个人都发挥作用让这个大庄园运转，而且他们基本能和睦相处。”

费洛斯是老资格保守党人，曾为保守党前领袖伊恩·史密斯[①]写讲话稿，2011 年受卡梅伦首相举荐进入议会上院，成为西斯塔福德的费洛斯勋爵，其对统治阶级的忠心得到了回报。他娶了第一代喀土穆的科基奈尔勋爵的曾侄孙女为妻，儿子全名是佩里格林·莫兰特·科基奈尔－费洛斯，也因此有了自己的“唐顿庄园”——一座 17 世纪的大庄园产业，并竭尽所能买下周围土地，试图将庄园恢复到 1850 年时的边界。费洛斯推崇英国老旧绅士做派，涉及自己利益时则不那么绅士，2015 年很生气其妻不能继承科基奈尔勋爵称号，称不让妇女承袭贵族头衔的做法“荒谬而过时”。

着迷于贵族头衔和乡村庄园组成的神秘世界的，绝不止费洛斯一人。遗产性乡村庄园是英国旅游业支柱之一，每年吸引大量城市居民和游客前来参观，也是很多新婚夫妇梦寐以求的婚礼举办地。除《唐顿庄园》外，其他受欢迎的电视剧如《王冠》《波尔达克》《布里杰顿家族》[②]，以及众多根据狄更斯和简·奥斯汀小说改编的电视或电影，让人从现实逃逸到英国古老的贵族田园生活。2019 年一年，类似题材的电视剧，包括英国和外国制作的，共有 30 多部。这个神秘世界成了我们出口给世界最美妙的东西之一。《唐顿庄园》播放高峰时，全英有七分之一人口收看，而在世界范

① 伊恩·史密斯（Ian Smith，1954—），英国保守党议员，2001 年至 2003 年任保守党领袖，曾任内阁大臣。

② 《王冠》《波尔达克》《布里杰顿家族》，英文名分别为 The Crown，Poldark，Bridgerton.

围收获了 1.2 亿观众，成为史上最成功的英国电视剧。

但同英国王室这个当代更受欢迎和喜爱的系列活剧相比，《唐顿庄园》相形见绌。2011 年，2400 万英国人，即全国三分之一人口，收看了未来国王威廉王子同凯特·米德尔顿的婚礼盛况。2011 年所作民调表明，英国人对王室的支持，“很可能是我们监测过各种趋势中最稳定的”，就像唐顿庄园中人们对伯爵家族的支持一样。这让我们思考，保守党的事业不也是既精英主义又受民众支持，显得老旧同时又给人以十足现代感？

王室生活高贵奢华，却给英国社会一种奇怪的平等化效应，作为“君主的臣民”，不论何等阶级、多么有钱、主还是仆，同样要在国王或女王面前鞠躬。2022 年 9 月，伊丽莎白二世女王葬礼激发了“大家一起”的精神，表明君主在作为不平等源头的同时，也能抹平社会的不平等。人们排队到女王遗体前表达敬意，长长的队列蜿蜒穿过伦敦市中心，许多人排队时间超过 24 小时。“排队魔力”期待不同社会地位的所有人一起排队，名人因遵守规则受到称赞，如有人利用关系跳过排队则遭谴责。毕竟相对女王这个和谐永恒的象征，我们大家都是“普通人”，无论我们净资产相差多少倍。

君主能起到团结的作用，这一点被《唐顿庄园》电影作为主题渲染。当宣布女王打算访问庄园时，楼上楼下每个人，伯爵及其仆人，伯爵夫人和厨师等，都一同紧张地期待和准备。访问前夕为了让一切就绪，克劳利小姐甚至冒大雨帮女仆安娜在花园里摆放座椅，完工时克劳利小姐说：“你是我的好朋友，安娜。”安娜回答：“我希望我俩互相是好朋友，小姐。”复杂的等级系统也会导致无厘头喜剧发生，伯爵当然要向女王鞠躬，但唐顿庄园的仆人应该听从皇家仆人的指使吗？庄园的仆人们迫切想要在“我们的房子”里服侍君主，集体发动了一场取代皇家仆从的“政变”，十分英国式地解决了问题。

19世纪，其他国家被革命风暴席卷，英国却相对稳定，一些人说这不是由于英国统治阶级高明，而是英国人民好静、顺从的性格使然。在英国人骨髓里，好像对等级制度有天然的亲近，对低于自己的人心怀优势，看到别人高高在上也能欣然接受，这让任何怀有革命希望的人感到沮丧。激进人士理查德·科布登[①]在19世纪40年代无奈地说：“我们是充满奴性、热爱贵族、爱叫老爷的人。”弗里德里希·恩格斯同一时期感叹地评论：“糟糕的不是封建时代最羞辱、最不平等的礼仪被保留了下来，而是所有这些礼仪实际都是大众想法的表达，大众认为老爷是高人一等的存在。”近一个世纪后，法国出生的作家海莱斯·贝卢[②]在20世纪30年代说得更透彻：“在英国，贵族制因下层人士的支持而得以维系。”

英国人尊上、依从的特点，与文艺作品中经常出现的英国管家或英格兰管家角色相互印证。诺贝尔文学奖得主石黑一雄的小说《长日将尽》(*The Remains of The Day*)[③]的主人公史蒂文斯是一

---

① 理查德·科布登（Richard Cobden，1804—1865），英国政治家，自由党议员，追随皮尔废除《谷物法》，积极支持自由贸易。

② 海莱斯·贝卢（Hilaice Bellou，1870—1953），法—英国作家、历史学家，与萧伯纳是好友。

③ 石黑一雄（Kazuo Ishiguro，1954—），出生于日本，五岁随父母移居英国，1983年入籍，成为英国著名小说家和剧作家，2017年获诺贝尔文学奖。《长日将尽》（*The Remains of The Day*），是石黑一雄1989年获得布克奖的小说，1993年英国将其拍成电影。

名管家，他宣称："有时人们说，真正的管家只存在于英国。我相信这是真的，欧洲大陆人不能当管家，因为他们不具备只有英国人才有的情感克制力。"一系列电影、电视剧和小说都证明了史蒂文斯结论的正确，从《蝙蝠侠》到《新鲜王子妙事多》[①]等，其中的管家都是英国人，具有相同特点：举止得体，对自己的职业感到自豪，对上级没有怨恨，高兴地甚至荣幸地为这些很棒的人工作。这也是托利党人想要的设定。

很难说这到底多大程度上是"英格兰人"或"英国人"的特性，对任何民族特点的简单概括都容易成为肤浅的人云亦云，但一些被经常重复的说法往往含有部分真理。例如，确有许多政治学家和社会学家希借助"阶级依从"这一概念来解释工人阶级对保守党的支持。选民们不会因保守党政治家出身上层，感到同他们有距离或不信任他们，反而对其更放心、更仰慕，连同其纯正口音、精英寄宿学校教育和镀金血统等，都被看作是具备了最适合统治英国的条件。1967年，美国社会学家埃里克·诺德林格[②]在其著名研究《工人阶级托利党人》中指出，在保守党的工人阶级选民中，倾向于让老伊顿人当领导人的，和倾向让毕业于文法学校[③]的人当领导人的，比例约是二比一。其中一名调查对象解释说："政治融入了他们的血液，其从政有天然优势。"另一人说："他们在很棒的环境中受到教育。"在工党的工人阶级选民中，这一比例正好相反，

① 《新鲜王子妙事多》（*The Fresh Prince of Bel-Air*），20世纪90年代的美国情景系列电视喜剧。

② 埃里克·诺德林格（Eric Nordlinger，1939—1994），美国政治学家、社会学家，曾在哈佛大学和布朗大学任教。

③ 文法学校（Grammar school），是英国现代公立重点中学，1995年以后，不再建立新的重点中学。

三人中大概两人支持文法学校出身的人担任领导人。只是这项研究未给出妇女领导人选项，不论其毕业于精英私校还是文法学校，因而无从知晓调查对象对妇女担任领导的看法。

还有些事例被用于说明英国人性格中愿意服从的特性。在1926年的大罢工中，成千上万的英国人主动去填补罢工造成的岗位空缺，有人说这是他们对国家有责任感，所以没有同罢工工人站在一起。甚至罢工者自己也同警方进行了一场耐人寻味的足球友谊赛。正如历史学家苏珊·佩德森（Susan Pederson）[①] 所记述的那样，这一奇景“被几乎所有媒体认为是‘英国人十分理智’的证明，就连社会学家比阿特丽丝·韦伯 [②] 也这样看”。最近，英国赢得了“欧洲免费加班之都”称号，因为其工人愿意接受没有报酬的加班，有研究说英国人平均每周免费加班6.3小时，五分之一的人甚至不计酬地每周多工作10小时，相当于每年10月16日后继续工作却无相应收入。

当然，依从概念不能绝对地解释保守党成功的原因。它简单地将英国简化为老爷和管家的国度，二者一致相信少数精英有权统治这个国家。撒切尔的出现就让这种解释难以成立，由文法学校毕业生而不是标准的老伊顿人来领导，保守党却一样成功非常。撒切尔拿来上流阶层举止为己所用，保守党也不再忌讳其平民出身并善加利用。1979年妇女周刊选举广告内容是测验题：“做个测试，看你是工党还是保守党。”最后一个问题是：“这些人中谁

① 苏珊·佩德森（Susan Pederson，1959—），加拿大历史学家，主要研究19世纪、20世纪英国史，妇女发展历史等。

② 参加引言部分注释。

更了解家庭购物？ A. 詹姆斯·卡拉汉[①] B. 你的丈夫 C. 撒切尔夫人。”撒切尔称，管理好国家财政和平衡家庭预算一样，都需要像母亲那样谨慎花钱、精打细算和充满责任感。

很多人说依从概念不再有效，但对理解保守党得到普罗大众支持仍然有用。有些人视保守党人为纨绔子弟，其实英国人非常喜欢他们，用奥威尔的话来说就是一种“富贵仰慕”，“英国人喜欢有头衔的坏蛋。”丘吉尔为什么是英国最受欢迎的首相？他是英国“关键时刻”的英雄，将上层阶级的优雅大度与普通人的坚韧勇敢结合起来，是大政治家的化身。这种大度坚毅精神蕴含在丘吉尔的口头禅“保持冷静，继续前进”（Keep calm and carry on）中，这几乎成了国家的座右铭，也帮助民众养成接纳现状和政治上玩世不恭的态度：英国人见过世面，不会盲信明天会更好的承诺，只要能过得去就没什么不好。

这样的民族特性，不管是不是简单过时的概括，却正合保守党的胃口。保守党人声称，自己的事业符合英国民众诉求，自己是英国国家身份的真正代表。人类学家凯特·福克斯[②]在她的畅销书《观察英国人：英国人行为的隐藏规则》中，没有提到政党政治或意识形态，但其描述的英国人性格特点同一个政党的特征惊人地一致：“我们不热衷于戏剧性的变化、革命、突然起义和制造混乱。在真正的英国抗议游行中，所有人都高呼，‘我们想要什么？渐进式改变（GRADUAL CHANGE）！什么时候想要它？在

---

① 詹姆斯·卡拉汉（James Callaghan，1912—2005），英国政治家，1976—1979 年任首相，1976—1980 年任工党领袖，还曾出任过财政、内政和外交大臣。

② 凯特·福克斯（Kate Fox），当代英国人类学家，研究社会和文化问题，部分作品被当作大学教材或推荐读物。

适当的时候（IN DUE COURSE）！'" 显然，要求提高工资、呼吁政治改革或革命的抗议活动，不可能是"真正英国式的"。这从一个侧面也表明，英国人不太关心抽象思想或教条般理想，英国能称道的唯一哲学传统，是与抽象理论对立的经验主义，尽管英国不乏众多拥有世界级声誉的大学。

认为英国人讲话平实、行动冷静的看法由来已久。《经济学人》1848 年 4 月就评论说："我们英国人不具备爱尔兰人活跃的想象力，也没有法国人的勃勃生机，我们言行踏实、缓慢，冷静爱反思，这未必不是一种补偿，使我们避免了许多不必要的错误和实验，不时得到不大而实际的好处。"大约 150 年后，住在剑桥的著名德裔犹太文学评论家乔治 · 斯坦纳仍将英国描述为"一个拥有强大中庸思想的国度，使你免于共产主义、免于法西斯主义，不会过于关注主义或思想，从而避免了承受其后果"。

常识是一个国家的行动指南，辛勤工作使我们渡过难关。《唐顿庄园》里，当厨娘助手在昏暗的地下室厨房对王室说三道四时，遭到厨娘训斥："少谈哲学，多多干活。"这常被保守党拿来引用，称这一训诫让英国度过一次次危机。

历史剧和君主在英国文化中享有中心地位，也显示出英国是沿着保守主义路线发展的。英国历史温和推进，鲜有激进突变，国民很多特点就是保守党人的特点：尊崇过去，热爱贵族，看重延续性，怀疑政治理想主义和哲学。很多英国人不介意民主失能，只要它能始终保持稳定和荣耀，即苏格兰已故历史学家汤姆 · 奈恩所说的"旧日辉煌"。君主、贵族院、精英私校、牛津剑桥和不成文宪法，这些统治阶级的古老支柱持久而富魅力，对民众感召力强，成为这个国家的象征和代名词，攻击这些精华制度就是攻击英国本身。

保守党特性渗透在国家身份中，与保守党人的努力密切相关。保守党人一代又一代地努力将自身特点与国家特性、将保守主义与英国身份相融合，而给其对手贴上外来标签，称其代表部分的而非整体的国家利益。这从英国扩大选举权、建立民主制以来就是如此，保守党一方面对扩大选举权感到焦虑，另一方面坚称“保守党是人民的天然领袖”（19 世纪末保守党议员约翰·戈尔斯特语）。保守党研究部 1947 年直言：“保守主义的唯一教科书是英国人民的历史，包括他们形成的制度、积累的智慧和民族性格。”撒切尔 1975 年说：“不必让人民皈依保守党的信条，他们只需坚持自身的信仰就够了。”

本杰明·迪斯雷利在许多方面引领了这种自信的英国保守主义传统。如果说伯克第一个明确表达了保守主义宗旨，那么迪斯雷利一个世纪后对其进行了进一步阐述并争取到了大众的支持。他 1868 年至 1881 年任保守党领袖期间，努力将保守党打造成真正的“英国国民党”，其他党只代表阶层或派别利益，保守党则代表整个英国国家精神，是英国力量、声望和繁荣的守卫者。按照迪斯雷利的说法，每个英国公民内心深处都是保守党人，尤其是工人，“没有人比工人阶级更关心、维护国家制度。富人和有权有势的人任何情况下都不会觉得维权困难，但人民的权利只能由公共机构来捍卫和保障。”

迪斯雷利 1804 年生于一犹太家庭，没有地产和保守党血统，其父为知名文学评论家，自己没有受过精英私校教育，却崛起成为保守党领袖，真正做到与其所处时代相互成就。他直接推动了扩大选举权，使社会更加民主，并热情欢迎大众媒体普及，结果是，英国政治具有了全民性特点。迪斯雷利写了几部质量不一的国情小说，编织出托利党和托利党国融为一体的迷人故事，他宣称："我所说的保守党的事业，是王室的荣耀、贵族的光荣、平民院的特权和穷人的权利。他们彼此和谐统一、利益协调一致，所有阶级和睦共处，共同造就我们国家的伟大。"

作为右翼政党之一，保守党选择将自己与爱国主义、维护传统和尊崇过去联系在一起，这并不刻意，许多保守党人对自己的国家有自然而深刻的爱。当然他们也发现，爱国主义是一种有用的竞选手段，能激励民族自豪感，使保守党能够跨越阶级界限，站在"人民"而不是精英一边。更重要的是，激发爱国主义，让每个人都享受并维护生活在这个伟大国家的权利，起到了加强维持社会现状的作用。国家如果不"伟大"，那么保守党作为一个稳定和连续性力量，其存在的意义就要打折扣。佩里格林·沃索恩①1959年透彻地写道："保守党对广大选民的主要吸引力，在于同伟大国家紧密相联。右翼敏锐地意识到，他们希望维护的英国，必然是能够保持大国地位的英国。"

在保守党早期大部分时间里，英国的大国地位从未受到质疑。从19世纪到20世纪，英国可说是世界上最强大的国家，不仅拥有可怕军事力量和最大帝国，而且世界似乎都围绕着它转，英镑是全球储备货币，时间由（现在仍然是）格林尼治皇家天文台的

---

① 参见第二章注释。

主时钟设定。保守党需要做的就是让民众感受到这个国家的威严。迪斯雷利认为，让君主成为民众爱戴的对象，成为国家伟大成就的象征和声誉的体现，就能达到这一目的。1877 年，他宣布女王为印度女皇，首次将君主和帝国绑定在一起，她的王冠用珍贵的印度宝石装饰。一位当代评论家说："女王王冠成为英国民族的徽章和帝国的象征，进一步鼓励英国在地球上扩张。"历史学家戴维·凯纳达恩[①]揭示，英国该阶段成功树立了君主现代意义的形象——"光辉灿烂、广受爱戴""永久、团结的国家共同体象征"。其实，直到第一次世界大战英国同德国兵戎相见，王室才从德国名字萨克森－科堡－哥达改为现在的英国名字温莎。

大英帝国鼓励所有人爱国。英国国内底层人还看不起海外的英国人。法国记者儒勒·瓦莱斯 1884 年描述伦敦的穷人，"衣不蔽体，却从风中猎猎作响的米字旗得到安慰；光脚无鞋，看到英国狮置地球于爪下倍感兴奋"。

保守党竭力让英帝国扩张其势力范围，反对爱尔兰部分及完全独立，抵制、哀叹大英帝国解体，为保有遥远的福克兰群岛不惜一战，不满苏格兰民族主义，不愿对其进一步下放权力。保守党打着维护联合王国统一的旗号行事，把他们的选举对手描绘成想要破坏宝贵统一的分裂势力。鉴于保守党的选票通常限于英格兰，那么保持联合王国的意义何在？ 2014 年苏格兰公投前，保守党坚决反对苏格兰独立，前首相约翰·梅杰说，"从纯粹的选举政治来看，苏格兰离开联合王国，保守党将受益，作为一个英格兰

---

① 戴维·凯纳达恩（David Cannadine，1950—），英国历史学家，对君主历史和生活多有研究和评论。

保守党人，我为什么希望苏格兰留在联合王国里呢？”主要原因是，联合王国能让英国保有与众不同的“伟大”国家地位。

二战和英帝国解体后，英国的伟大方方面面都在缩水，但保守党人仍继续兜售已经褪色的“伟大”叙事，执着于留住让人陶醉的辉煌历史，而不是确保现在和未来的成功；焦虑于如何让国民记住历史，不计代价捍卫国家英雄的声誉及其塑像，任何对英国带给世界自由民主和铁路的光荣史的不敬，都被谴责为“憎恨”英国或试图“篡改历史”；三番五次呼吁重新引入帝国度量衡，重新启用皇家游艇，以便英国再次航行在七大洋上。保守党人也承认英国不再是曾经的英国，但坚称能让其恢复往日辉煌。20 世纪 50 年代后期，保守党竞选海报上印有“投票给保守党，让英国再次伟大”的口号，撒切尔及其继任者对其多次引用，予以高度认可。

1982 年福克兰群岛之战，是英国二战后人为制造“伟大”的绝佳例子。福克兰群岛在阿根廷海岸附近，由英国管辖，可见当年英帝国足迹之广。撒切尔认为，团结英国人民来保卫这个群岛是民族复兴理想之机，她引用威灵顿公爵的话来突出自身立场，“对于一个伟大国家，小战争可是涉及大颜面”，“铁娘子”终于表明她由什么金属制成。开战 74 天、阿根廷投降后，她欢呼这是一次历史性胜利，在胜利演讲中提到，“刚开始，有一些犹豫者和胆怯者”，接着阐述说：

> “有人认为英国不再是那个曾经建立帝国并统治四分之一世界的国家，他们错了。福克兰群岛让他们知道英国并没有变，仍然拥有照耀历史的硬核品质。在能力、勇气和决心上，

这一代人可以同其祖父辈相媲美。当人民面临危险、需要拿起武器战斗时，我们英国人一如既往，坚毅勇敢、英勇善战，我们没有变。”

围绕“我们没有变”主题，保守党打造了英国伟大而永恒的神剧，为了让这个神剧得以续演，保守党必须找到能够支撑英国伟大的任何记忆或事件，暂且不论英国伟大是现实还是已沦为幻想。

经过托利党几十年不断拱火，英国 2016 年走向公投脱欧。英国脱欧动机很多，但就像福克兰群岛一样，对保守党的好处和对部分民众的吸引力是，可以让英国再次从言行到感觉都像是一个伟大国家，主权独立、强大勇敢、不可战胜，伟大神剧仍不乏观众和信徒。鲍里斯·约翰逊说：“我们一度以不多的国内人口和很小的公务员队伍，管理着有史以来最大的帝国，现今却变得像婴儿般胆小，不敢憧憬独立的未来。我们真的不能达成有关贸易协议吗？”保守党议员雅各布·里斯－莫格[①]2017 年对议会抑扬顿挫地说：“从克雷西[②]到阿金考特[③]，再到滑铁卢，从大宪章到议会接纳自由民议员，从权利法案到大改革法案，我们一路走来，一路胜利！”

保守党热衷于不断传播英伦岛国创造史诗般历史、永远不会被打败的叙事。保守党“相信英国”，其他政党却“拉胯英国”。任何有抱负的保守党领导人有义务重复上述叙事和说辞，特拉斯

① 参见第二章中注释。

② 克雷西会战，发生于 1346 年，是英法百年战争中英国三大捷战之一。

③ 阿金库尔战役，发生于 1415 年，是英法百年战争中一场英国以少胜多的著名战役。

2022年8月竞选党领袖时说:“这个国家很多人因为历史而自我羞愧、自我贬低，说最好的日子已经过去，他们完全错了。”特拉斯的慷慨陈词无助于解决当时经济濒临危机的问题，其任首相后局面变得更糟。但支持国家团结伟大、反对分裂衰落的言辞，有助于巩固保守党作为爱国主义政党的地位。

保守党对民众的吸引力还远不止于此。保守党人不指望自己充当贵族，工人阶级一味顺从，也不仅凭重复国家座右铭和民众口头禅引导自己走向胜利。保守党因与旧统治阶级和精英主义渊源密切，自民主时代起，就不得不向世人证明，自己的政策服务全体而不是部分英国人利益，并要说服民众，虽然彼此不平等，仍要同舟共济。

许多左翼人士不屑保守党人亲近贵族、极端爱财、光鲜亮丽，斥责保守党为“特权党”，又对保守党受普通民众欢迎感到困惑不解。工党政治家彼得·肖尔1952年问道:“为什么那么多既不富裕也非特权阶层的选民会支持不代表他们利益的保守党?”这反映其不了解多数英国人对财富和权贵的看法，也不了解英国人对自身生活的看法。

对保守党人来说，追求财富、享受特权一点儿都不可耻，普通人也可以这样做。追求财富意味着有抱负，谁不想变得富有呢?而特权可以从更宽泛的角度来理解，它不一定是少数精英的专属，实际遍布整个社会，横跨种族、性别、年龄和性取向界限，任何有等级有差别的地方就有特权，如家庭内部父母子女之间和夫妻之间，社区房东和租房者之间，工作场所老板和员工、临时工及任何有极差的人员之间。甚至国别不同也会产生特权，保守党人说，生活在一个不受革命、入侵或内战干扰的和平繁荣之国，就是最大的特权和优势，用英帝国鼎盛时期的话来说，“生为英国人，就像中了人生彩票的头奖”。

历史上，保守党程度不同地维护着既有特权，在下面各组对立关系中都倾向前者而非后者：父母对子女、丈夫对妻子、男人对女人、已婚夫妇对未婚伴侣、已婚妇女对未婚妇女、老板对雇员、就业者对失业者、房东对租客、白人对少数族裔等，尤其是看重“英国利益”远高于其他国家或民族的利益。就因为我们每个人的社会属性涉及家庭、社区、职场、国家等多个领域而非只有单一身份，所以保守党所指特权涵盖很大人口比例，如，虽是工人阶级妇女，但拥有房产又成为房东，或虽属第一代移民，因做买卖又成了老板，总之，那些在现状中能找到自身利益或感到生活大有奔头的人，很可能支持保守党的立场。

所以，当左派说压迫是跨领域跨部门的时候，保守党人会说特权也是如此，并引导人们看向积极面。迪斯雷利1874年表示：“有人说工人不能成为保守派，因为他们没有任何东西可以保有、守护，既没有土地，也没有资本，然而除了土地和资本，这个世界还有别的宝贵东西！”今天，乔丹·彼得森[①]以一种更具挑战性的口吻，要求人们停止自怨自艾，感恩其所有，在《生活的12条规则》中说：“也许你高估了自己没有的东西，低估了自己拥有的东西。”罗杰·斯克鲁顿[②]也有类似说法，在《如何成为保守派》

① 参见第二章中内容。
② 参见第二章中注释。

一书中写道：“无论宗教信仰和个人信念如何，我们共同继承了世上美好而稀有的事物，维护好并将其传给下一代，应成为我们首要的政治目标。”保守党正是按照这一思路，称将努力让人们从维持现状中受益，而左派的变革将给我们带来生存威胁。

保守党不仅重视既得利益，还有“财产党”的名声，这真实地反映了该党致力于保护私有财产，并且随时间推移，拓宽了对所要捍卫财产的理解范围。以前地产仅指地主乡绅的产业，现指一切已经拥有或想要拥有住房的人的利益。索尔兹伯里称：“至少在英格兰，政府的主要目标是保护财产，这也是保守党的重点目标和关切。”所以，保守党普遍反对遗产税、租客权利和对拥有第二套房产征税，称这些阻碍了房产所有者的权利。

拥有住房所有权是否和倾向支持保守党相关？拥有住房是否是决定投票行为的重要因素之一？2019 年，保守党赢得的每七个选区中，就有六个的住房拥有率高于全国平均水平，工党这一比例是四分之一；自有房业主中，57% 的支持保守党，20% 的支持工党；抵押贷款买房者中，43% 的支持保守党，33% 的支持工党；约三分之一的保守党议员有乡村地产，工党议员中这一比例很低。保守党向来认为，拥有财产本身就会培养保守主义世界观，使其厌恶风险，愿维护现状并进行投资。如社会改革家弗朗西斯·普雷斯[①]1831 年所说，当时空气中弥散着工人革命的气息，“但每个有产者都竭尽所能避免革命及其带来的损失”。

上述看法是撒切尔首相推出颇有争议的“社会住房购买权”

① 弗朗西斯·普雷斯（Francis Place，1771—1854），英国社会活动家和改革家，支持工会运动。

计划的驱动力，按照该计划，二战后建造的数十万套社会廉租房以一定折扣价出售给租户，希望创造一个拥有住房的新的保守党选民阶层。这是撒切尔“大众资本主义”政策的一部分，是“在国家经济生活中赋予更多人权利的大动作”，同时也将权力从公共部门转移到私营部门。购买权计划切断了地方政府的重要收入来源，限制了其新建社会住房权。1988 年撒切尔又废除了租金管制。这些导致了今天的住房危机：私人出租房租金高昂、普通人买不起房、社会廉租房长期短缺、房东权力过大、房客任人宰割等等。撒切尔的计划和后来卡梅伦的紧缩政策，联手造成地方政府长期收入锐减、入不敷出。

世界各地右翼政客和运动都竭力捍卫私有财产和住房所有权，而英国保守党将保护私有财产别具一格地染上了爱国主义色彩。英国人对拥有自己的住房有很深执念，认为这能满足其高度重视自我安全和隐私的需要。早在 1851 年进行的人口普查就指出，“每个英国人都强烈希望拥有一套自己的住房，因为它用清晰、明确的界限将其家庭和壁炉保护起来，让其悲伤、快乐和思考有安放之地。”英国民间传说也经常提到这一特点。凯特·福克斯在《观察英国人》中写道：“英国人都想住在他们自己的私人小盒子里，并带有一块属于自己的小草地。”她还引用了一首爱德华七世时代的诗：“德国人住在德国 / 罗马人住在罗马 / 土耳其人住在土耳其 / 但英国人住在自家中。”

只要英国人仍高度重视拥有住房所有权，就像老话所说，“英国人的家就是他的城堡”，保守党就可继续宣称，捍卫私有财产是遵从英国国民感情和特点，而非出于捍卫精英利益的意识形态。

也有人认为，英国长期相对稳定发展让人们相信财产永恒，导致希望拥有住房的强烈意愿。实际上，英国人住房拥有率与其他国家人民相比并不高，过去50年的一系列政策造成了英国今日的住房危机和糟糕趋势，而保守党在其中难辞其咎。左派呼吁增加社会廉租房供给和租房者权利，右派则攻击这是失败主义的表现，不是英国人想要的，被扣上“非英国的”帽子。

我们看到，保守党让自己占有爱国主义和促进繁荣的双重属性，二者相辅相成，形成合力，助其牢牢掌控国家政治。工党被压缩得几无叙事空间，英国历史、文化和身份的表述都不利于左翼。保守党胜选优势通常不大，但他们多次获胜，可以声称自己为执政而生，进一步将托利党与英国历史交织在一起。

两个多世纪的情况表明，讲好故事和掌握资源是王道，甚至比现实更重要。如果现实或政治有利于托利党，是因为托利党定义了什么是现实、什么是政治。下面的例子说明了保守党的做法。2019年为在选举辩论中争得先机，保守党在推特上把本党账号名改为“英国事实核对者”（“Factchecker UK”），让自己以中立的真相提供者姿态出现。保守党有值得信赖的经济监护人之称，不是因为该党取得过多大经济成就，而是在很大程度上他们能够让人误以为保守党政府就意味着健康的经济。有研究比较两党发展经济的总体情况，结果显示，工党执政时经济增长往往比保守党执政时更快。但“搞经济谁最值得信赖”的民意调查显示，民众对保守党的信任度始终高于工党。这一优势在当年大选结果中也得到反映。根据益普索[①]2022年5月的调查，保守党执政12年以来，工资没有上涨，生活成本飙升，衰退触手可及，但在“搞经济谁最值得信赖”问题上，保守党所获得的信任度仍然领先于工党。

保守党对经济叙事的主导，加上选举的成功，再次严肃提醒左翼，政治不能简化为阶级利益或阶级经济利益。经济利益当然对人们如何投票有很大影响，但不同人对经济需求看法不同，个人和群体看法不同，从自身利益出发和从公平角度出发看法也不同。保守党竞选谈经济政策时，除谈执政政绩外，更多谈到道德愿景，即个人怎样才能或应该为自己创造更好的生活，以及英国是一个什么样的国家，强调个人抱负、努力工作和为自己对自己负责的重要性。而左派则关注福利、社会保障和平等，确保每个人可以享受最低生活标准，因为财富和特权分布太过随机，有社会保障才有公平。罗伯特·麦肯齐[②]和艾伦·西尔弗[③]1968年发表著名研究《大理石天使：1958—1960年英格兰城市的工人阶级保守派》，问询跨党派工人阶级成员，他们应团结一起还是单独行动来促进自身利益，结果是，“接受采访的工人阶级保守党支持者都表示，他们更倾向于通过个人而不是集体行动来维护自身利益”。

保守党的政策基调包含直观公平原则，即不努力工作就没有报酬，也包含强调个人能动性的自主责任原则，自己对自己负责。

① 益普索（Ipsos）是英国著名市场和社会信息调研机构。

② 罗伯特·麦肯齐（Robert Mckenzie，1917—1981），加拿大政治学和社会学家，也研究选举统计工作。

③ 艾伦·西尔弗（Allen Silver，1930—2015），美国社会学家，哥伦比亚大学教授，20世纪60年代在英国工作。

保守党是逐步采纳个人责任和努力工作这类词汇的。19 世纪末，该党吸收了自由统一党派别，贵族与资本家融合，旧的统治阶级才开始推崇基于个人奋斗的乐观主义。此前，保守党传递的信息更像是《唐顿庄园》而不是美国梦，接受自己的位置，珍惜所拥有的，实现自己的目标。吸纳了自由主义后，保守党发现，“个人责任”概念同英国人高度重视个人安全隐私的特性完美契合，为他们竞选提供了新的抓手。前保守党首相斯坦利·鲍德温[①]对英国文化及特性颇有研究，喜欢说寻求政府帮助“从来都不是英国人的方式”，独立和首创精神“已经深深烙进英国人的骨子里”，“他总希望不被打扰”。2008 年经济陷入衰退后，卡梅伦称，“我们是一个奋斗者的政党”。

提倡“个人责任”的价值观，让保守党既能“尊重传统”，又能抵制财富再分配。保守党喜欢并赞赏“相信英国人民能照顾好自己”“努力工作就能实现梦想”等宏辞丽句，因为这意味着无须改变传统社会秩序。个人命运不好或处境艰难，只能责怪自己努力不够或别人欺诈捣乱，而不是自以为高明又不爱国的左派给出的原因。

国家积极提供福利、保证公共服务资金充足，在民主制中应受欢迎，但保守党却加以反对，这一反对得到很多人共鸣，包括那些从中受益的人。他们反对的理由是，福利国家承诺让每个人都过上一定标准的生活，而不管他们做什么工作或是否有工作，这等于说个人努力无关紧要，懒人受到奖励，辛苦工作之人受到

① 斯坦利·鲍德温（Stanley Baldwin，1867—1947），英国政治家，20 世纪 20 年代、30 年代的保守党领袖，一战后二战前三次出任首相。

惩罚，贡献出的税收被用来养活懒人。保守党说这就是反对提供社会保障的道德依据。2012 年，时任财政大臣奥斯本在保守党年会讲演时说："有人为了赶早班，天不亮就要出门，而他的邻居因享受福利却仍在睡懒觉，那么对上早班的人而言公平何在？当我们说我们都在一条船上时，我们当然包括那位上早班的工人，包括所有努力工作和不拖后腿的人。"

尽管大多数领取福利的人也都工作，保守党仍坚持福利对工作、依赖对自立、搭便车对自力更生的二元对立表述，并称赞后者，这涉及保守党经济基调的最后一个变奏。奥斯本对"那个工人"的赞美中，隐藏着一个有害的伦理观，即不仅美化辛苦工作，还美化忍受艰辛的态度。根据奥斯本的逻辑，早班工人的"公平"不在于更合理的工作时间、长期的工作合同或更高薪酬，而在于相信他人也在遭受同样命运，故能坚忍面对。保守党再次找到"坚忍"这一国民特性为自己的宣传目的服务。社会学家马克·费舍尔[①]将保守党提倡的态度描述为"消极一致"：

> 人们之所以对"福利乞丐"感到厌恶，是因为本能地认为，他们逃脱了工作之苦。这种认识实际上说明，人们对福利享受者有多厌恶，对自己的工作就有多厌恶，最不能忍受的，就是有人脱离了普通人的工作之苦。所以消极一致的口号就是，别人应该和我们一样受苦。

"消极一致"在保守党制定经济政策中发挥了重要作用。该党不能

① 马克·费舍尔（Mark Fisher，1968—2017），英国作家，政治和文化理论学家。

让生活更美好的承诺被误解为生活将变得容易，对保守党人来说，生活从来都不容易，也不应该容易。战胜困难与逆境被认为是人生最大的成就。埃德蒙·伯克相信："经受危险、惩罚和麻烦的考验才能产生伟大美德。"乔丹·彼得森宣称："生活的目的是找到你能承受的最大负担并承受它。"如果在逆境中奋斗是一种美德，保守党提倡的自我负责立场就有价值，忍受艰辛的态度就能引起共鸣，削减政府责任和社会组织、让多数人生活得更艰难的经济政策就没什么不对。

面对敦刻尔克大撤退这样的危机时刻，英国人以"坚毅的上唇"所体现的非凡品质完成了不可能完成的任务，成就了引以为傲的"敦刻尔克精神"。保守党首相鲍德温说："英国人为危机和紧急时刻而生"，"英国人具有非凡忍耐力，面对不幸总能保持微笑。"近年来，保守党似有意给这个国家施加更多痛苦和悲惨，增加生活成本、削减福利、不予涨薪，以检验和赞美英国人的耐受品质和决心。

社会学家斯图亚特·霍尔[①]在撒切尔执政期间看到了类似情况。撒切尔除谈到要实现繁荣外，"还谈到英国人心理上有自找苦吃的受虐倾向"，这引起了一定范围的共鸣，霍尔从中看到"英国人似乎需要保姆来监督完成任务，并不时接受惩罚，如果享受了美好，一定自觉更多吃苦以求平衡，并努力体现'处境越差、表现越好'的敦刻尔克精神"。保守党自2010年再度上台以来，从紧缩到脱欧再到新冠疫情，在考验英国人勇气和决心的同时，用

① 斯图亚特·霍尔（Stuart Hall，1932—2014），生于牙买加，英国文化学家和社会学家，《新左派评论》创建者之一。

爱国主义、坚韧不拔等辞藻对冲残酷的政策和现实，还教导说：“少谈哲学，多多干活。”

爱国主义和繁荣是保守党正面宣传的两大核心支柱，二者相互关联。保守党声称国家伟大离不开经济繁荣，又用国家荣誉及国民特性为他们的经济政策背书，提升人们的工作态度和艰辛容忍度。结果保守党被描述成为像宏伟古老而又坚强的大本钟、白金汉宫、多佛白崖一样的实体，能够代表和象征英国精神。

从反面角度，保守党一向竭力将其对手描绘为不爱国的、外来的、与国内外敌人相勾结的，并让选民也这样去看，因为只有保守党自己才能代表英国利益。这种设定下，选举投票给其对手而不是保守党，几近于叛国，相当于战时站到敌人一边。

迪斯雷利称辉格党是“反国家的”，谴责自由党有“重欧洲大陆”倾向，就连自由党的长期领袖、贵族出身的老伊顿人格莱斯顿[①]也被抨击为“不像英国人”。1899年至1902年布尔战争期间，保守党以大力支持战争的态度进行竞选并赢得胜利，指责对手“站在敌人一边”，其竞选传单称，激进的自由党一贯缺乏爱国精神。再往后，保守党对工党的批评指责更加歇斯底里。

保守党为迎合民众会采用种种不光彩手段。保守党以英国化身、团结稳定和延续守卫者的姿态，武断裁定谁合法性强、谁合法性弱，不断寻找各种问题的替罪羊，煽动对移民、左翼、少数族群不合理的恐惧，利用大众的无知和偏见捏造出“变革威胁”，并坚称，工党就像以前的自由党一样，会将这些莫须有的恐惧和

① 参见第三章中注释。

威胁转变成真老虎。保守党刻意利用偏见、无知和恐惧来损人利己，得到“刻薄党”（Nasty Party）称号。“刻薄党”这次面对的不是反对党而是所谓的移民等危险，但口号却是一样——“坚决不让他们进入”。

第五章

“刻薄党”仇视移民和谄媚极右

“那些外国人是罪犯，是穷光蛋，患有恶心疾病，被其同胞可耻地扫地出门，把我们的街道搞得脏乱差。激进派却乐见并欢迎所有这些外国人！保守统一党政府不想让这些家伙留在英国。”

——保守党 1904 年传单

“国家的生活和人类的生活一样，基本离不开人们的想象。”

——伊诺克·鲍威尔 1964 年在都柏林三一学院的演讲

“我们托利党人看那个端着啤酒、叼着雪茄、散发着幽默感的男人，本能感觉到他和我们没什么区别。”

——鲍里斯·约翰逊 2013 年论奈杰尔·法拉奇

在“刻薄党”的历史上，1968年5月保守党影阁大臣伊诺克·鲍威尔引人注目地发表了一次演讲，警告英国移民大增带来严重后果：“当我展望未来时，充满不祥预感，像罗马人看到‘台伯河[①]充斥着鲜血’一样。”他引用了维吉尔[②]《埃涅阿斯纪》中的诗句。鲍威尔预言一场种族战争迫在眉睫，称仅关闭英国边境不够，需要遣返一些已定居移民，否则，他用自己选区一位居民的话来说，“15年或20年后，这个国家将是黑人鞭打白人。”

鲍威尔的“血河”演讲让保守党陷入困境，多数政治家和报纸谴责他言辞过分，但麻烦的是，煽动性演讲受到普通民众欢迎，盖洛普民调发现，74%的英国人同意鲍威尔的担忧。此后，有关种族歧视的报道激增，氛围对有色人种迅速变化，以至于西米德兰[③]加勒比协会成员开始将其分为“伊诺克之前”和“伊诺克之后”。保守党领袖泰德·希思[④]将鲍威尔逐出了影阁（不是开除出党），这让他更像一个殉道者。据报，其议会办公室收到超过10万封的支持信，包括传统工党支持者在内的成千上万工人罢工予其声援。几乎一夜之间，鲍威尔成为保守党最受欢迎的政治家，

---

① 台伯河（River Tiber），意大利第三大河流，是流经罗马的主要河流。

② 维吉尔（Virgil），生活在公元前70年到前19年，被认为是古罗马最伟大的诗人，著名作品有《牧歌集》《农事诗》《埃涅阿斯纪》等。

③ 米德兰（Midlands）地区就是英格兰中部地区，行政区划大体分为东米德兰和西米德兰。

④ 泰德·希思（Ted Heath，1916—2005），英国政治家，1965年至1975年任保守党领袖，1970年至1974年任英国首相。

虽然他已不是坐在议会前排的高层成员。

鲍威尔发表不光彩的反移民“血河”演讲之前，以极度支持自由市场资本主义为人所知，对传播“经济事务研究所”的自由市场教义发挥了重要作用。著名新自由主义经济学家米尔顿·弗里德曼与哈耶克一道推翻了二战后实行数十年的民主主义，他对鲍威尔赞许有加，称鲍“才华横溢”，能理解他向英国政府推荐的经济政策内涵。鲍威尔认为，除市场之外，社会不存在或没有任何意义，他在1960年写道：“在我看来，‘自由经济’和‘自由社会’这两个词可以互换。”无怪乎撒切尔成了他的信徒。像埃德蒙·伯克和亚当·斯密一样，他主张用宗教来理解资本主义的智慧，“当我在教堂跪下，常常想，应该多么感谢上帝赐予我们资本主义礼物。”但后来他发现，不同领域不同阶层人士关心移民问题胜过关心自由市场，谈论对移民的恐惧更为时髦。

鲍威尔反移民言论逾越界限、贩卖恐惧，却达到了效果。当时，英国一边缅怀二战的辉煌，一边竭力维护日渐衰落的国际地位，但四处碰壁，大国地位今不如昔，1956年试图入侵埃及夺回苏伊士运河控制权，遭美国反对后羞辱退却。经济也不时陷入危机和停滞，被称为“欧洲病夫”。20世纪60年代希望加入欧洲经济共同体，两次被法国否决，原来是英国需要欧洲胜过欧洲需要英国，英国人心理倍受打击。

帝国解体后，作为一个英国人的意义已不同以往。英国1957年至1961年间将对外援助预算增加了一倍，完善了反歧视立法，禁止以肤色或种族为由不提供工作、服务或住房。鲍威尔对此并不赞成，认为这源于英尚未将帝国负罪感和大国感抛诸脑后，统治阶级忘记了对英国人或英格兰人（主要指白人）的首要责任，称“保守党必须从‘英格兰本土’重新找回其传统爱国主义”，英国需要“与过去的帝国彻底决裂”，包括帝国承载的民众，那些殖民地臣民不再接受英国统治，我们也不欢迎他们前来英国。

鲍威尔对英帝国的立场颇为独特。他曾是最不愿看到帝国解体的那批人，1950 年甚至呼吁重新入侵印度，知道无法挽回，则离开得相当决绝，1957 年演讲时称，“保守党必须摆脱大英帝国情结，摆脱对逝去帝国任何东西的可怜依恋。”以鲍威尔新爱国主义眼光看来，建立英联邦同前殖民地保持联系是“大型滑稽剧”，是将英国置于“消失帝国的中心、垮塌圣殿的瓦砾上”，只能凸显其衰落。鲍威尔像一个失恋者无法忍受再见到恋人，痛批英国犯了“帝国神经症”。

在鲍威尔的世界里，第二次世界大战比帝国更重要。他在二战中参加了英军，感到英国人只有在战争中才真正认识和展现自己，凭借坚毅的上唇、无畏的精神、“很好，那就单独面对吧”的丘吉尔口头禅，随时准备为信仰而牺牲，这就是爱国主义精髓和国家之魂。他说，“爱国主义，就是准备为国家献身，心甘情愿地付出一生”。

对鲍威尔来说，没有战争，实现国家主权“不可想象”。随着宿敌德国和法国成为构建欧洲和平的新伙伴，需要树立新的敌人。在鲍威尔的想象中，移民及其“盟友”成为英国生存的致命威胁。鲍威尔在“血河”演讲中批评英国移民政策说：“就像看一个国家忙于堆起自己葬礼的柴火堆。”他用战争记忆提醒新威胁的严重，将为反歧视立法辩护的记者比作二战前对战争危险视而不见的记者，称英国仍在遭受战争般的攻击，“入侵”一个接着一个。

鲍威尔不是唯一看到“移民战争”可以恢复英国摇摇欲坠信心的人。曾在撒切尔内阁中任职的知名保守党议员约翰·比芬1965年阐述了类似想法：“保守党对移民问题的态度，很可能引起工人阶级共鸣，从而取代老的帝国主义理念，这曾经吸引兰开郡的工人阶级接受保守党的民主统治。”也就是说，在帝国不存在的情况下，仇外心理可能会成为一种替代自豪感，让即使是底层英国人也有藐视的境外对象。就像后来福克兰群岛沙文主义和脱欧冒险一样，反移民政策能够对伟大英国的想象起到支撑作用。将他人排除在外，意味着我们英国人所拥有的愈发珍贵，愈发值得保护，要不然怎么会有那么多人想来英国？想来的人越多，英国就越伟大。恐惧和自豪是一枚硬币的两面，移民恐惧和民族自豪互为表里。“但英国没有足够资源让我们为这些移民开放国门。”保守党前领袖迈克尔·霍华德[①]2005年竞选时散布排外观点，称：“有数百万的外国人想移民英国，我们不可能全部接收。”可惜选民不认账，他败选了。

后帝国时代环境变了，世界不再位于英国狮爪下，但外国人却在英国大门外排队，迫切想进入。这正是保守党需要的有力叙事，不仅可以吸引各阶层关注这一问题，还可以让其找到对于内部问题的免责借口。英国不再伟大，是因为过于慷慨，泽被四方，以至于“本土”公民反被忽略。即便到今天，没有什么问题，不管是工资低、经济增长慢、儿童贫困加剧、公共服务资金不足、

① 迈克尔·霍华德（Michael Howard，1941—2019），英国保守党政治家，2003年至2005年任保守党领袖，2010年后成为上院议员。

犯罪率上升等，不能归咎于过于慷慨宽松的移民政策，不能归咎于那些试图穿越英吉利海峡的小船和心怀恶意的少数族群。尽管按欧洲标准，不论是提供救助的额度还是允许进入的人数，英国移民政策都不算慷慨，但叙事胜于事实，关键在于借口。

鲍威尔的末日预言未曾实现，却从另一方面开了先河，让保守党重视因两难和敏感问题产生的紧张和焦虑，并尝试让种族问题为政治服务，以至于模糊了种族主义和政治权宜之间的界限。他被踢出希思影阁后仍保持影响力，保守党人不得不考虑，如何既利用社会最反动的力量，又不玷污保守党的温和声誉，这直接关系到党的未来发展。迎合民粹会让保守党更像“正常人”而不是脱离社会的精英，但要避免被极右势力裹挟的危险。不被视为极端也很重要，头脑冷静、彬彬有礼、受人尊敬，才能不失自我、长久生存。极左和极右派都是被激情冲昏头脑的人，而保守党人平静而理性。保守党在对待和处理种族主义、反犹主义、伊斯兰恐惧症、同性恋和变性人歧视等问题时，始终面临两难和紧张，这在鲍威尔之前就已存在，鲍威尔之后也不会消失，他只不过将其加以放大。

保守党一向懂得利用偏见、贩卖恐惧，团结各种可能相互对立的力量为其所用。卡尔·马克思 19 世纪中叶就看到，在英格兰仇外心理可以让统治者和被统治者、富人和穷人、老板和工人站在一起，只要他们不属于被妖魔化的群体，当时爱尔兰工人是替罪羊。他 1870 年写道：“当前英格兰每个工商业中心，工人阶级都分成两个敌对阵营，英格兰无产阶级和爱尔兰无产阶级”，“普通英国工人憎恨爱尔兰工人，认为他们的竞争导致自己生活水平下降。”相较于爱尔兰工人，英格兰工人觉得自己是“统治民族的一员……于是让自己成为本国贵族和资本家统治爱尔兰的工具人，这变相加强了统治阶级对工人自己的统治”。让“他人”当替罪羊，就像爱国主义，能够提升自己的归属感和自豪感。

各种各样的少数族群和团体都在托利党历史活剧中扮演过坏人：爱尔兰人、天主教徒、犹太人、穆斯林、黑人、学生、教师、工会、左翼活动家、环保主义者、非主流性取向者（LGBT），等等。该党煽动恐慌的基本手法是，夸大这些人的威胁，坚称反对党支持他们。例如，保守党1904年的一本批判性手册，将自由党的移民政策概括为“让他们都进来”（Let ‘Em All Come’）。自由党曾建议移民官员如果觉得有疑问，要查清楚那些逃离宗教或政治迫害难民的身份。保守党1906年在同类手册上就说：“全欧洲的游民凭借编造的政治或宗教‘难民’身份来到这个国家，不管他们的故事多么不可信。”保守党的惯用伎俩是，将对手的观点萌芽放大到极致——如“让他们都进来”，然后作为靶子猛批。2016年难民危机期间，卡梅伦首相批评工党领导层说：“看看他们上周的工作记录，他们在加来会见了一群移民，称其‘都可以进入英国’，丝毫不为英国人民和辛苦工作的纳税人着想。”

托利党将偏见武器化，例子比比皆是。1924年，鲍德温带领保守党开展几乎完全针对“外来人”的竞选活动，历史学家马丁·普格[1]说“外来人”指“犹太人”。鲍德温称：“目前英国国内

---

① 马丁·普格（Martin Pugh，1947—），英国纽卡斯尔大学历史教授，主要研究妇女普选权运动、法西斯主义和工党等。

能提供的工作机会不多，我们不能让任何一个外国人拿走自己人的机会。”鲍德温曾是富裕的钢铁大亨，他现身说法，告诉我们如何通过仇外，使自己站在“英国工人”一边。1955年，西布罗姆维奇[①]交通管理局雇用了第一个印度移民公车售票员，当地运输工人罢工抗议，伊诺克·鲍威尔表示支持罢工者：“我相信，罢工工人已经意识到，任何居住在这里的有色人种都会给国家带来危险。”同年，丘吉尔认为加勒比海移民是“这个国家面临的最重要问题”，想以“保持英格兰白人主导”为口号领导保守党竞选，但在选前，他的领袖地位被取代。1964年，一位保守党政客在西米德兰斯梅斯维克竞选，喊出该党历史上最赤裸裸的种族主义口号：“如果你想要一个黑鬼作邻居，就投票给工党。”通常认为移民会给国家凝聚力和民族和谐带来负面影响，就像鲍威尔在“血河”演讲中所说的那样。但托利党人的做法表明，他们更怕移民积极融入英国社会，而不是不融入。

撒切尔夫人研究鲍威尔演讲并得到启发，称鲍才智“首屈一指”。1978年接受英国广播公司采访时，撒切尔夫人像鲍威尔一样预言：“人们真的很担心，这个国家可能会被不同文化背景的人所淹没”，“你知道，英国人在全世界对民主和法律贡献很多，如果真的担忧自己会被‘淹没’，就会做出激烈反应，对那些移民产生敌意”。她甚至称“不排除不再接收移民的前景”。撒切尔利用人们的偏见拿移民问题说事，体现了“刻薄党”的一贯立场，更是为了转移人们对保守党经济政策的不满，给工党政府出难题，

① 西布罗姆维奇（West Bromwich），是英格兰西米德兰地区一个集镇，位于伯明翰西北。

当时民调中保守党落后于工党。是否真的停止接收移民并不重要，作出这样的表态只为追求权力，被言论针对和贬损的不过是附带牺牲品。撒切尔政治秘书理查德·莱德后来解释说：“她感到自己在收入政策上陷入被动，所以应在移民问题上自由出击。”保守党自己的民调也显示，“自由出击”将提振其支持率。亲保守党媒体自觉配合，继撒切尔发表“淹没”讲话后，《每日邮报》登载题为“移民大辩论”的系列文章，为众多读者表达移民入侵担忧提供平台，其中一篇特写的标题是“他们已经占领了我的家乡……”。

撒切尔团队中有人不赞成这一策略，彭定康在保守党研究部曾表示异议：“想象一下，如果她说我们被犹太人淹没。”[①] 撒切尔上台后，沿袭了同样套路，一位部长抱怨内阁会议就三个主题，“议会事务、内政及仇外”。

从上述事例可见，保守党为达到政治目的，有意、精心地利用偏见，而偏见和歧视早就存在于保守党人内心深处。保守主义作为一种系统认知和观念，比自由主义和社会主义更容易采取种族主义、性别和同性恋歧视等不公正态度。保守党政治家在写作、声明和行为中明显更多地流露形形色色的偏见；工党政治家总体上支持性别、种族及性取向平等各方面的言行，如果不是无懈可击，也比保守党强得多。

众所周知，迪斯雷利是英国第一位和唯一一位犹太首相，孩童时受英国教会洗礼成为英国国教信徒，否则很难爬到最高位。

① 一战、二战后的几十年中，移民到英国的犹太人人数多，比例和影响都很大。

他本人心胸并不开阔和包容，1836 年对爱尔兰人的口头挞伐，即便以当时的标准来看也算恶毒：“他们嫉恨我们这个自由富饶的岛屿，嫉恨我们的文明秩序、勤奋进取、勇敢自由和纯洁的宗教。英国人对这个野蛮鲁莽、懒惰迷信、不可靠的民族毫不同情。”

迪斯雷利说，英国人是“撼动世界的民族”，英帝国征服了世界，将其他国家的人都视为劣等民族，这为种族主义大开绿灯，也为帝国滥用暴力、残暴征服和实施统治找了借口。他坚决反对种族平等观念，自问自答地说：“如果将英国公民与那些黑人和有色人种混同在一起，对伟大的盎格鲁－撒克逊人建立的国家会产生什么后果？”“随时间推移，情况会变糟，以至于那些被赶走的土著会重新征服和夺回这些国家，并成为白人的统治者。”迪斯雷利实际上早就说出了鲍威尔的预言：如果英国允许移民，白人就会失去统治权。

温斯顿·丘吉尔满腔热情地接过英国种族优越论的接力棒，通过自己的记者、军人和政治家身份，近距离观察、参与英帝国主义战争。他 1937 年说：“我不承认对美国印第安人、对澳大利亚土著做了很大错事，我不承认有错，事实是一个更强大、更高等、绝对更聪明的种族走上前来，取代了他们的位置。”这种极端看法，不能完全归因于所处时代，丘吉尔的单重否定表述“我不承认”，说明相反看法已普遍存在。也不只是激进进步主义者才能看到丘吉尔错在哪里，保守党政治家、帝国主义者利奥·埃默里[1]认为，丘吉尔在种族问题上“不太明智”，“其看法和希特勒”区

① 利奥·埃默里（Leo Amery，1873—1955），英国保守党政治家和新闻记者，曾任第一海军大臣等重要职务，同丘吉尔关系密切。

别不大。

基于我们对丘吉尔和二战的一般认知，很难想象埃默里会有这样的看法。丘吉尔和希特勒应是对立两极，彼此斗争也被认为是激烈的价值观冲突，是民主对抗法西斯、宽容对抗反犹主义、和平对抗战争。但现实并不像戏剧，丘吉尔等托利党人之所以对希特勒采取行动，不是因为其反犹主义或法西斯主义，而是因为感到“激励德国的大陆扩张主义”威胁到英国边界和英帝国，如历史学家普利亚·萨蒂亚[①]所说，“保守党右派中许多人，甚至大多数，更关心维持和平和大英帝国而不是反对希特勒”。

托利党人很愿提及迪斯雷利的犹太血统，但该党历史上不乏反犹做法和案例，丘吉尔就是其中的代表，其帮助打败希特勒的历史也不能改变他反犹的事实。丘吉尔1920年说，“国际犹太人”正在从事“世界范围颠覆文明的阴谋行动”，警告劳合·乔治政府中“不能有太多犹太人”。党内还有其他人站队丘吉尔，首相鲍德温的密友威廉·乔因森－希克斯被《犹太纪事报》称为“议会最公开、最坚定的反犹主义者”。1924年被鲍德温任命为内政大臣后，他肆无忌惮地推动通过《1925年特别限制令》，用希克斯的话来说，阻止英格兰被“来自世界各国的大批外来垃圾所淹没”，这算是控制移民的早期范例。保守党领袖张伯伦1937年至1940年任首相期间，欧洲大陆反犹主义盛行，1938年11月发生“碎玻璃之夜”（the Night of Broken Glass）事件[②]，纳粹准军事部队

① 普利亚·萨蒂亚（Priya Satia），美国当代历史学家，斯坦福大学历史系教授，研究现代英国和英帝国历史和文化史。

② “碎玻璃之夜”事件也称“水晶之夜”（译自德语 Kristallnacht）事件，是纳粹迫害犹太人的标志性事件。

洗劫了德国和所占领土上的犹太人住宅、商店和教堂。张伯伦说：“毫无疑问，犹太人不是一个可爱的民族；我个人不太关心他们；但不能因此对他们进行集体迫害。”他对犹太人的同情半心半意。

许多保守党人极端到为法西斯主义跑腿卖力的地步。鲍德温自己看到法西斯主义同保守主义有共同点，说：“你可以称法西斯主义政策为绝对保守主义，它吸收了若干保守党信条并将其推向极致，如果付诸实施，将对我们国家造成灾难。”他当然建议抵制法西斯主义，但不是所有保守党人都赞同鲍德温。有些人认为法西斯主义是“真正的保守主义”，大概数十名保守党上下院议员和官员是法西斯主义团体的成员、资助者或创立者，这些团体包括英国法西斯主义者联盟（BUF，British Union of Fascists，又称“黑衫者”）、一月俱乐部（BUF下属的绅士阵线）、英德联谊会（Anglo-German Fellowship）、英国神秘人及其继任者组织、权利俱乐部、全国公民联盟、联系者、解放者，等等。一位保守党下院议员说，保守党直接创立了“黑衫者”组织，两者世界观基本一样。保守党所属报纸《真相》使用反犹语汇，谴责舰队街[①]是“被犹太人污染了的下水槽”，并为二战时期替法西斯事业奔走的几位保守党人辩护，在海军上将巴里·多姆维尔爵士1940年至1943年因同情纳粹被关押后，不遗余力为其辩护。多姆维尔爵士曾任海军情报总监，也是亲纳粹组织“联系者”的前主席。1940年，一群保守党议员写信给首相，要求不要让犹太难民入籍，因为这将“导致我们已经过多的犹太人口进一步增加”。当时犹太人只占全国人口的不到0.8%。与之形成对比的是，当时作为丘吉尔

① 参见引言部分注释。

首相副手的、未来工党首相克莱门特·艾德礼，1939年赞助一个犹太家庭前来英国，并让这个家庭中的一子住在自家几个月。

保守党二战期间还有些类似故事。1938年，鲍德温勋爵迫切呼吁英国公众对受到“灾难性非人道迫害”的难民提供救助，“碎玻璃之夜”后，张伯伦首相扩大了难民庇护范围。但其对犹太人的敌意影响到英国的应对行为，“转运犹太孩童”这个反映英国人好客、包容的高尚拯救事件也有不光彩一面。1938年3月至1939年9月，大约9000名17岁以下未成年犹太人乘火车、轮渡从欧洲大陆奔赴英国，逃离纳粹的迫害。但别忘了，首先，整个计划由私人策划执行，政府不提供资金，不参与难民安置；其次，抵英安全保障对象只有孩童没有父母。历史学家路易丝·伦敦[①]指出：“认为英国1933年至1945年间尽其所能拯救犹太人的观点并不牢靠。”

> 我们看到过那些通过“转运犹太孩童”计划抵达英国的无人陪伴犹太孩童的感人照片和新闻片段，但从未看到其父母被留在纳粹欧洲的照片，他们的命运很少引起关注。因为我们从未见过他们，所以不知还有把犹太人拒之门外这回事。

反讽的是，今天保守党人竟频繁引用此例为其拒绝庇护难民进行辩护，也许这就是历史失忆症的残酷之处。

在其他国家，法西斯主义常常与暴徒联系在一起，在英国却

---

① 路易丝·伦敦（Louise London），英国当代历史学家，生于犹太移民家庭，对犹太移民问题有专门研究。

是和上层阶级相关联。调查记者蒂姆·塔特在《希特勒的英国叛徒》中揭露，英国那些为纳粹做事的团体，其领导层及大部分成员都来自议会、贵族和军人等传统统治阶级，他们将希特勒看作反对共产主义和布尔什维克主义威胁的盟友。《每日邮报》所有者、英国大富豪罗瑟米尔勋爵在该报头版刊登恶劣标题“为黑衫者欢呼!”，他虽然不喜欢法西斯这个字眼，但讨好希特勒和墨索里尼达到谄媚的地步。1938年《每日邮报》一篇文章称“‘黑衫者’有保守党之所需”，另一篇“德国犹太人涌入英国”的文章则引发“慌乱和恐惧”。希特勒认为罗瑟米尔是盟友，是“唯一清楚地看到布尔什维克危险的人，他的报纸做了很多正确的事，我非常钦佩他”。

近年来针对左翼的反犹主义指控层出不穷，但工党内没有保守党那样的不光彩历史。历史上，右翼还指责左翼同犹太人相互走近，二战前保守党人说左翼人士加入邪恶的犹太组织，认为马克思、托洛茨基、罗莎·卢森堡及艾玛·戈德曼[1]等左派革命家、思想家有犹太血统不是巧合。丘吉尔说:“犹太人性格和宗教中有先天左派倾向。”犹太文明不幸成了完美替罪羊，既要为资本主义的邪恶负责，又被指责参与所谓的共产主义阴谋。

也可以说，保守党人性格和宗教中的“先天倾向”导致他们歧视少数族裔又谄媚极右。他们竭力忘却由此造成的不光彩历史，用爱国主义保护、包装丘吉尔，掩盖其种族偏见，以至于玷污丘吉尔就相当于玷污英国。托利党人后来还老套地尝试重新定义

---

① 艾玛·戈德曼（Emma Goldman，1869—1940），生于俄罗斯，后在北美和欧洲辗转生活，政治活动家、作家，无政府女权主义的标志性人物。

纳粹主义，仅仅通过其“国家社会主义”的名称就说它与左派同源，这完全违反历史常识。撒切尔将20世纪70年代英国主要法西斯运动“国民阵线”说成是一个“社会主义阵线”，实际上“国民阵线”同保守党有交集，两者共享一位知名政治人物——伊诺克·鲍威尔。另外有报道，在撒切尔任内，一位保守党议员1983年在柏林国会大厦外行纳粹礼。撒切尔之后的托利党领袖做法同撒类似。

二战后，英勇抗击罪恶的法西斯成为英国历史重要内容，保守党对党内右翼极端分子态度趋严，对反犹和勾搭纳粹不再听之任之。1945年工党压倒性胜选，促使保守党重塑自身形象。经济政策上他们接受国家干预和扩大福利，同时还需像卡梅伦后来所说，努力做到看起来、说起来、听起来和感觉到都是一个全新的组织，对那些曾将该党置于历史错误一边、被部分党员纵容的危险信仰和效忠，予以坚决反对，称这是恶意外来者造成的，或者，在保守党长期为英国人民奋斗的过程中从未发生过。

保守党致力于使自身形象现代化。1953年初，一位娶了美国银行家女儿的年轻犹太男爵基思·约瑟夫，希望代表保守党竞选议员，并请负责候选人工作的该党副主席约翰·黑尔面见其妻，认为这层关系可能对党有用。黑尔给一位同事的信中说：“我明白他这样做的意义，他年轻的美国妻子的确很有魅力，相信会对我们的选举大有帮助。”黑尔看好约瑟夫还有一个原因：“人们对保守党内反犹主义谈论很多，吸纳他入党，选民对我们的印象就会改观。”

保守党常有自相矛盾之举，之前还在利用对少数族裔的偏见，现在又尽量同偏见脱钩，这样做当然归因于代议制政治。保守党喜欢指责对手搞身份政治，即突出彼此不一样的东西如肤色、性别、性取向和阶级背景等来谋利。保守党 1983 年印有一位黑人照片的海报称：“我们说他是英国人，工党却说他是黑人。”但对待基思·约瑟夫和最近其他例子都说明，保守党人也擅长搞身份政治，不管总体情况如何，特定情景下让特定身份的知名人物出场，达到了抵消偏见指控、显示进步思想的效果。

1997 年至 2010 年，托尼·布莱尔三次连选连任，带领新工党塑造了新的、多元文化英国形象，保守党面对压力更加激进地重塑自身现代化形象。保守党试图重拾“刻薄党”那一套，但收获寥寥。2001 年大选前，时任保守党领袖威廉·黑格[①]警告，如果布莱尔再次当选，将把英国变成一个“外乡”；黑格继任者、犹太难民之子霍华德 2005 年将移民作为竞选中心议题，用 48 页广告牌广告表明一句话：“限制移民不是种族主义。”

霍华德竞选时，还默默无闻的保守党议员特蕾莎·梅已经提醒保守党人打种族牌的危险，她说，“通过妖魔化少数族裔来获取政治资本，而不是对我们所有公民表现出信心的做法”会适得其反，“我们的支持基础太窄，我们的同情心往往太少。你知道他们怎么称呼我们，称我们为‘刻薄党’(Nasty Party)。”[②]她还指出保守党新议员在性别和族群代表性上不够多样化。卡梅伦 2005 年任

① 威廉·黑格（William Hague，1961—），英国保守党政治家，上院议员，1997 年至 2001 年任保守党领袖，曾任外交大臣。

② Nasty Party 在文化意蕴上有糟糕的派对、从事谋杀等卑劣行径的聚会之义，所以保守党不喜欢这个绰号。

领袖后，优先摆脱这种形象，誓言“通过改变保守党人的面孔来改变保守党的面貌”，称“候选人和议员缺乏多样性令人震惊”。

卡梅伦后来回忆说，他的计划尽管遭到党内“激烈”反对，但结果令人满意。2010 年大选，保守党不仅重新掌权，而且女性议员人数几乎翻了两番，少数族裔议员人数也有所增加。2015 年大选后，保守党少数族裔议员数量已增加六倍，其中包括未来的领袖苏纳克。2019 年大选，保守党推出 76 位黑人等少数族裔候选人，比 2017 年增长 72%，2022 年保守党有 22 位议员来自少数族裔，而 2001 年一位都没有。保守党议员日益多元化，该党顶层构成也发生了变化，自 2010 年以来创下英国政治很多记录：赛义德·沃西[①]成为第一位穆斯林内阁成员；萨吉德·贾维德[②]成为第一位穆斯林内政大臣、第一位穆斯林财政大臣；普里蒂·帕特尔[③]成为第一位女性少数族裔内政大臣；詹姆斯·克莱弗利[④]成为第一位黑人外交大臣。2022 年夏天竞选保守党领袖即约翰逊继任者活动中，最初 11 名候选人中 6 人不是白人，这种多样性是西方任何一个主要政党，无论右翼还是左翼，都无法匹敌的。莉兹·特拉斯胜选成为党领袖和首相，但不久后就被当初竞选排第二的苏纳克接替，苏是第二代移民、印度教徒，保守党向英国贡献的第一

① 赛义德·沃西（Sayeeda Warsi，1971—），英国保守党上院议员，出生于巴基斯坦移民家庭，曾任卡梅伦内阁部长，2014 年因巴以冲突问题辞职。

② 萨吉德·贾维德（Sajid Javid，1969—），英国保守党政治家，曾任商业大臣、内政大臣、财政大臣和卫生大臣，2022 年辞任部长，巴基斯坦裔。

③ 普里蒂·帕特尔（Priti Patel，1972—），英国保守党政治家，曾任约翰逊内阁内政大臣，父母为来自乌干达的印度裔移民。

④ 詹姆斯·克莱弗利（James Cleverly，1969—），英国保守党政治家，曾任特拉斯内阁的外交大臣，苏纳克内阁的外交大臣、内政大臣，其母为塞拉利昂移民。

位非白人首相。

保守党上层比过去更多元化，但基层做得还不够。1990 年来自米德兰兹的黑人律师约翰·泰勒被推为保守党候选人，想打破保守党尚无非白人议员的空白，当时工党已经有四名非白人议员。很快有保守党员骂泰勒为“可恶的黑鬼”，还称“我们是来击退入侵者的”。泰勒未能当选，托利党责不可卸。泰勒不久后被任命为上院议员，他反思道：“保守党必须了解，搞好种族关系，远不是每年为亚裔百万富翁举办三四次招待会那么简单。”1997 年，非白人选民中支持工党的比例高达 80%，当前，非白人选民中支持工党的占比 64%，非白人议员中工党议员占比 63%，保守党仍不如工党。但保守党可以骄傲地向工党指出，工党一直由白人男性担任领袖，而保守党已产生三位女性领袖和一位少数族裔领袖。

从议会前排议员看，保守党已自豪、醒目地展现出多元化形象，然而该党反移民立场不仅没有软化，反而更强硬，还以多元化为挡箭牌，不接受偏狭和仇外指责。在该党少数族裔议员人数增加的同时，其防止或应对所谓移民和少数族裔威胁的政策也在增加，包括特蕾莎·梅针对非法移民的“不欢迎环境”[①] 及“回家”[②] 政策，英脱欧后试图将避难者集中送往卢旺达的计划。赛义德·沃西对这些措施持批评态度，在 2022 年 11 月同我谈话中讲到，“多元化为保守党提供了一定掩饰，有些话如果不由有色人种

① “不欢迎环境”（hostile environment）政策，指 2012 年前后，英国内政部推出的一系列行政措施或立法，让未得官方许可者难以滞留英国，不得不“自愿离开”，该政策受到联合国和人权组织批评。

② “回家”（go home），是大政策“不欢迎环境”下的一项宣传措施，用广告面包车到少数族群聚集地区向非法移民宣传“不回家就遭逮捕”等口号，但公众对该措施反应不佳。

来说，其他人不好讲出口”，虽然这不是保守党前排议员越来越多元化的唯一原因，“但肤色起到了掩护作用”。

2022年苏纳克竞选保守党领袖演讲时，用近五分钟阐述加强“已崩溃”边界的必要性，认为移民问题“完全失控”，“我要让卢旺达计划生效，让任何考虑偷渡到英国的人知道，其旅程终点不是伦敦国王十字，[①]而是卢旺达首都基加利。”演讲快结束时他提到自己的出身背景，“英国是一个慷慨、雄心勃勃、富有同情心的国家，已经接纳了包括我的家庭在内的无数批移民，我们还将继续这样做……但人道主义必须同清醒常识做伴。”苏纳克使用的这种话术，近年几位内政大臣贾维德、帕特尔和布雷弗曼[②]也用过，即在推行严厉移民政策同时，不忘提及自己的移民背景。托利党2022年10月炒作说又面临一场“移民危机”，内政大臣布雷弗曼31日表示：“英国人民应该知道，阻止入侵英国南海岸，哪个党是认真的，哪个党不是……这个系统已经崩溃，非法移民已经失控，太多的人只对政治游戏和掩盖真相感兴趣，而不去解决问题。”

布雷弗曼头脑中想的可能是偷渡的阿尔巴尼亚人。托利党歧视的目标不断变化，但2010年以来穆斯林是不变的受迫害对象，经常被视为“内部敌人”。2019年的一项民调表明，几乎一半保守党员不希望穆斯林担任首相，保守党议员持相同看法。2013年，保守党政客和几家报纸合谋，将臭名昭著的“特洛伊木马”信（被广泛认为是一个骗局）变成穆斯林无法融入英国社会的证

---

① 国王十字（King’s cross），伦敦市中心一枢纽性火车站，苏纳克这样说，也考虑到同基加利（Kigali）押头韵。

② 布雷弗曼，参见第二章注释。

明。这些势力联手将穆斯林置于一个被持续怀疑和监视的环境中，声称伊斯兰教与恐怖主义有关。《泰晤士报》和《旁观者》等报刊发表若干文章，标题包括“托利党内没有多少伊斯兰恐惧症”“伊斯兰恐惧症纯属虚构，目的是不让人就此辩论”等。赛义德·沃西说，“令人不安的是，当权者公然制造谎言，极端意识形态化地看待和伤害我们社会的一部分”，“我总问，到底要怎样？英国有 450 万穆斯林群体，且还在增长，难道就把他们当作二等公民吗？”

作为保守党人的沃西还指出，尽管保守党在仇外和歧视方面有不良记录，并不意味着少数族群和其他被歧视者就一定不投票给“刻薄党”，就像工人阶级人士也会投票给统治阶级政党一样，何况保守党已多元化其高层组成。一个人的身份往往不止一个维度，沃希说，“保守党的基本信条，如个人保有大部分收入所得，国家不干涉私人生活，政府支持企业家精神，抓住机会你就能改变人生等，对不同文化和身份的人都有吸引力”，“有色人种会受各种观念影响，他们未必仅支持有色人种。”

保守党还面临一个棘手问题，就是当他们试图扩大自己在少数族裔中的影响力时，如何不得罪另一个少数群体——对保守党过往成功至关重要的极右势力。换言之，作为非种族主义政党的托利党，如何同时赢得种族主义者的支持。这并不容易做到。1968 年伊诺克·鲍威尔发表“血河”演讲后，泰德·希思的回应就很矛盾，将其从影阁中开除，但仍留任其为保守党议员，还强化了本党在移民问题上的立场，即使希思私下认为鲍威尔是法西斯，也承认鲍给本党争取到了更多支持。一年后塞缪尔·布里坦[①]在《旁观者》杂志上评论鲍威尔说："毫无疑问，鲍威尔将反黑人者、道德严苛者、吹毛求疵者和严刑峻法者都吸引到其麾下，他们都支持鲍威尔"，"他充当了发泄不满情绪的催化剂，否则这种情绪会以更危险的形式爆发。"在有些人眼中，鲍威尔给保守党带来危险，在另一些人眼中，保守党成了鲍威尔的政党。

从撒切尔到卡梅隆都在勉力维持这种不容易的平衡。右翼组织"国民阵线"指责撒切尔窃取了自己的政策和支持者，撒切尔反称国民阵线为"社会主义阵线"；卡梅伦嘲笑奈杰尔·法拉奇[②]领导的英国独立党（UKIP）由"同性恋、疯子和隐秘种族主义者"组成，但为得到其选票，屈从法拉奇提出的举行脱欧公投的要求。保守党人可能不太喜欢那些"同性恋、疯子和隐秘种族主义者"，但明白要想选举获胜，八成需要其支持。

奈杰尔·法拉奇是当今最有能量的极右势力头面人物，有人说他是自撒切尔以来最有影响力的英国政治家。法拉奇毕业于伦敦一所精英私校，一度做伦敦金融城交易员，以伊诺克·鲍威尔为自己的"政治偶像"，1994 年争取鲍的支持而未得。他已将自己塑造为英国反移民运动总监，不断将英国政治向右拉，过去十年，保守党一直随其鼓点起舞。他成立英国独立党，让卡梅伦同意举行脱欧公投；公投前发起"选择离开"运动，极大影响了人们公投倾向；2019 年将独立党改头换面为"英国脱欧党"，一个

---

① 塞缪尔·布里坦（Samuel Brittan，1933—2020），英国新闻记者、专栏作家，长期为《金融时报》写稿，关注气候变化和经济发展问题。

② 奈杰尔·法拉奇（Nigel Farage，1964— ），英国政治家，现为英国改革党领袖，英国脱欧主要推手之一。

月后参加并赢得欧洲议会选举，让保守党在英各参选政党中仅名列第五，受到羞辱，间接导致首相梅同年6月辞职；接替梅的约翰逊表示要在脱欧谈判中采取更强硬立场，并称得到法拉奇支持；2019年12月大选，法拉奇同保守党达成协议，只要约翰逊承诺实现脱欧，脱欧党就从保守党317个选区中撤出自己的候选人。在法拉奇的助攻下，保守党大胜。

约翰逊对搞平衡向来长袖善舞，一只手同极右翼保持距离，另一只手又随时够得着极右翼。约翰逊早期记者生涯不时曝出种族歧视言论，足以让“同性恋、疯子和隐秘种族主义者”顶礼膜拜。他称，英国年轻人“像尼日利亚人一样热爱金钱”，形容黑人为面带“西瓜微笑”的“皮卡尼尼”[①]（这与鲍威尔歧视性演讲中的语言相呼应，鲍也用了“皮卡尼尼”一词）；谈到非洲时说，“非洲大陆可能是一个污点，但不是我们良心上的污点，问题不在于我们曾经掌管过那里，我们不再掌管才成了问题”；任《旁观者》编辑期间，曾发文称“黑人智商低”。约翰逊种族歧视的例子数不胜数，但能够同时表现为自由派和反自由派，让两边阵营中的人都对其有好感。2018年，他发文捍卫穆斯林妇女穿罩袍的权利，但又描述穿罩袍的穆斯林女性“看起来像路边的信筒”。他一边标榜其所谓的自由主义，一边不忘讨好极右翼，2007年竞选伦敦市长时，为争取同性恋选票，接受了《粉红新闻》采访，并为之前批评同性恋做辩护：“我的确在很多文章中批评了很多事，但如果你把文章作为一个整体来看，它们不过是硬邦邦常识的反映。”从中可以看出，约翰逊很早就采取了两面讨好的策略。

---

① 皮卡尼尼（piccaninnies），对黑人小孩的轻蔑称呼。

2016年英国脱欧公投前，约翰逊用这种手法为脱欧争取支持。他驳斥脱欧运动煽动仇外的说法，称他个人非常支持移民，同时暗示土耳其即将加入欧盟（其实是想象的），警告随之而来的数百万土耳其移民会给英国带来生存威胁。这一谎言明显有种族主义色彩，"选择离开"运动却堂而皇之地将其刊印在广告牌上。公投投票前一周，约翰逊和迈克尔·戈夫①又公开写信给卡梅伦首相，要求其"保证"土耳其永不加入欧盟。

约翰逊2008年至2015年担任伦敦市长时，曾提到其曾祖父是土耳其人，他本人在脱欧公投前实际上积极支持土耳其加入欧盟，2006年曾说："如果仅仅因为土耳其人是穆斯林，就永远把它排除在欧盟之外，这怎么能说得过去？这向伊斯兰世界温和派发出了最糟糕的信号。"脱欧公投结束后，他再次表示支持土耳其加入。

2019年大选时，保守党同英国脱欧党达成协议，许多保守党人谴责约翰逊勾连法拉奇背叛该党温和传统，但约翰逊了解法拉奇的底色。2013年英国独立党崛起时，约翰逊在《每日电讯报》撰文说法拉奇"在我们选区里活动，拉拢我们的观众，撬走我们的选票"，但又说不必担心，"我们托利党人看那个端着啤酒、叼着雪茄、散发着幽默感的男人，本能地感觉到他和我们没什么区别"。他进一步感叹，"这是一个幽灵附体的男人"，"老天，他是一个十足的保守党人"。

尽管彼此的选举面具不同，但法拉奇通过脱欧来实现的英国梦，也是半个世纪来一直激励保守党人的梦想：一个既忠于利润，

① 参见第二章注释。

又不忘光荣历史的国家；一个相对独立的主权岛国，同时拥抱全球性统一市场；既对外开放，又不欢迎移民；一个泰晤士河畔沉浸在古老金色余晖中的、现代化的新加坡。撒切尔第一个将这种矛盾景象变成现实，将“小英格兰”同“全球性英国”结合在一起，鲍威尔有些方面还走在撒切尔之前。历史让鲍威尔和撒切尔承担不同角色，一个仇外，一个拥抱自由市场，其实两人差别不大，就像四十年后不同政治人设的约翰逊和法拉奇，不过是同一枚硬币两面的不同图案。鲍威尔 1988 年不无愉悦地回顾：“过去被称为鲍威尔主义派的东西最近被重新命名为撒切尔主义派。”

总之，保守党领导着一个庞大联盟，内部不乏彼此冲突的关切、自相矛盾的承诺，既维护君主又讲以才治国，既维护等级制度又想社会和谐，既多元化又讲小圈子，既追求繁荣又说忍受艰难，既维护联合王国又讲英格兰第一。不必去消除这些矛盾冲突，它们反而推动保守党生生不息地发展。关键是确立“一个英国”基调，再通过“分而攻之”“分而治之”的策略解决问题。斯图亚特·霍尔[①]1987 年解释撒切尔主义存在思想不一致问题时写道：“我们以为，意识形态必须连贯统一，各个部分不能相互矛盾，就像哲学推导那样严密，逻辑的矛盾将导致世界坍塌。其实这是学究化的错误认识。”

保守党将市场自由和国家力量、乐观精神和民族主义恰当结合而取得成功，但不是凭一己之力做到这点，还得到一股政治力量的慷慨相助。他们很像法拉奇和极右翼势力，经常替保守党做脏活累活，大声说出保守党人不好说的话；骚扰政治对立面，将

① 参见第四章注释。

其变成贱民；聚焦并将社会弊病归咎于惯常的替罪羊；以言论自由和爱国主义灯塔自居，并勇于维护公众利益。他们坚定支持保守党的事业，只有在试图影响其内部政治或推动其进一步右倾时，才会批评保守党。他们，就是托利媒体。

第六章

托利党国支柱之一
媒体的作用

“感谢上帝，你不能指望贿赂或收买英国记者，不过看他的所作所为，就知道根本用不着去贿赂。”

——亨伯特·沃尔夫 1930 年《火之上》[①]

“为了得到不接受贿赂的英国记者的免费支持，许多外国政府愿意支付大笔费用。”

——威克姆·斯蒂德 1938 年《英国媒体》[②]

“明天我将为你加油，作为朋友感到骄傲，而且从专业角度说，我们是在一起做事。”

——“新闻国际”[③]首席执行官丽贝卡·布鲁克斯 2009 年发给戴维·卡梅伦的手机短信

---

① 亨伯特·沃尔夫（Humbert Wolfe，1885—1940），英国著名诗人、作家，职业是文官。引用的这句话出自其诗集《世俗之城》，广为人知。

② 威克姆·斯蒂德（Wickham Steed，1871—1956），英国新闻工作者、历史学家，曾任《泰晤士报》主编，作品内容集中于英国媒体状况、历史和国际关系等。

③ “新闻国际”（News International），是默多克控制的美国媒体集团“新闻集团”在英国的全资子公司，1981 年在英国成立后，叫新闻国际公司，2013 年 6 月改称英国新闻集团公司（News UK），控制着《泰晤士报》《星期日泰晤士报》和《太阳报》等。

1987年6月10日，《每日邮报》编辑戴维·英格利希和撒切尔首相一起坐在唐宁街10号，预测第二天揭晓的大选结果。撒切尔几乎肯定要第三次胜选了，英格利希问《每日邮报》的庆祝标题该是什么，她建议是“撒切尔准备迎接三连胜”。果然，第二天早上，建议内容没加引号地以大写字母出现在报纸头版。英格利希发来贺信说，“我们周三晚上确定的标题是对的！”“我很高兴将您的建议付诸报端。您不仅预见到结果，也为之努力，当之无愧地获得了胜利。”

毋庸讳言，首相提前敲定自己新闻的标题，与媒体自由的理想状态相去甚远。当记者追踪任何权力腐败案件时，应将自己的政治信仰和忠诚搁置一边，不管罪魁祸首是谁，不管报道可能有利于谁、有损于谁，都要敢于问责弄权者、调查不端行为、曝光任何丑闻。记者在揭露社会不公的同时，还应唤起公众的同情心。这对任何民主国家都很重要，也是自由媒体能得到高度尊敬和高度自尊的原因。公民有权清楚地了解自己的社会，当权者应明白要谨言慎行。《华盛顿邮报》有句名言，“民主死于黑暗”。

期望任何国家的媒体都能达到这一标准恐怕不现实。报纸不可能完全是新闻调查和深度爆料，大多数读者也不希望这样，他们读报不仅为关心政治或只关心政治，也希望看到体育报道、名人八卦、电影评论、食谱养生等新闻和信息。不管怎样，新闻从业者应保持基本的责任感，记者永远不应故意误导公众、煽动偏见或培养扭曲的世界观。在政治方面，他们的角色是审查而非保护当权者，可以光明正大地批评，不应进行下三滥的攻击。如果报纸持续让读者感到立场不公，并有意蒙混而非澄清权力、特权运作，那么新闻业无冕之王的地位就会受到质疑，民主体制下，民众就可要求对此加以改变。

当前，英国媒体格局总体右倾，更像是服务保守党的利益而不是促进健康的民主。选举期间媒体的党派倾向更加明显，大多数报纸都抛弃独立伪装，成为保守党竞选行动的有效延伸。记者和编辑认为他们的角色不是报道选举，而是为托利党赢得选举；他们不是澄清者或评论员，而是参战者。《每日快报》编辑谈到该报 1945 年参与竞选活动时说："那是一场你死我活的角力，拳头对拳头的肉搏，突击队式的战斗。"《每日邮报》编辑 1987 年看到工党大选支持率走高时说道："我们必须反击！我们必须反击！"该报记者形容自己的新闻编辑室就像托利党总部的一部分。

从过去到现在，媒体为政党站台的例子比比皆是。1979 年大选期间，《每日邮报》头版整版刊登题为"承载拯救工党希望的 12 大肮脏谎言"的不署名文章，实际上由撒切尔自己的宣传顾问执笔，托利党随后将该报头版复制做成选举海报，用貌似中立的报纸来掩盖政党对政党的攻击。《每日快报》发表反对工党内容的头版，被保守党框裱起来挂在中央办公室作为参考和激励。1992 年，《太阳报》吹嘘说，自己尖锐的反工党、亲保守党的选举报道助保守党赢得了选举，"《太阳报》对胜选有功"。2015 年，《每日电讯报》违反隐私规定，向数十万注册读者发送电邮，敦促大家投票给保守党。2017 年到 2019 年，媒体攻击工党的频率和强度达到新的高度。

这种不正常行为与人们对自由媒体的期待完全不符。一家报纸支持某个政党或候选人并不罕见，不同寻常的是，英国报纸对竞选的偏颇立场及其相关报道，已成为英国政治的常规操作，以至于我们很少意识到，这种反常对民主有很大破坏性。选举是民主国家最重要的时刻，自由媒体是公众获得信息的主要途径。选举时“自由媒体”经常同某一方结盟，对民主意味着什么？早在1704年，丹尼尔·笛福就评论说：“既然这个国家不幸分出了几个党派，那么每一方都有相同的使用新闻媒体的权利。”这一合理看法，今天却无人问津。

英国媒体格局随时间推移而不停变化，但左倾从来没有胜过右倾。《泰晤士报》1834年帮助创建了保守党，当时该报编辑托马斯·巴恩斯向罗伯特·皮尔就发表《塔姆沃斯宣言》演讲提供了不少意见，这一宣言被认为是保守党成立的标志。19世纪大部分时间里，保守党拥有那些支持该党报纸的所有权。19世纪90年代起，保守党的忠实支持者引领潮流，让报纸成为大众媒体。1895年，阿尔弗雷德·哈姆斯沃斯[①]竞选保守党议员失败，一年后创办了《每日邮报》，然后被封为诺斯克利夫勋爵。1916年，保守党议员马克斯·艾特肯[②]悄悄收购了《每日快报》，让其成为英国最受欢迎的报纸，他本人不久后被封为比弗布鲁克勋爵。罗

① 阿尔弗雷德·哈姆斯沃斯（Alfred Harmsworth，1865—1922），第一代诺斯克利夫子爵，也被称为诺斯克利夫勋爵（Lord Northcliffe，上院议员都称为勋爵），英国媒体历史上的报业大亨，对媒体大众化和现代化发挥了推动作用。

② 马克斯·艾特肯（Max Aitken，1879—1964），第一代比弗布鲁克男爵（Lord Beavebrook），加拿大、英国报纸出版商和幕后政治家，20世纪上半叶有很大影响，二战期间任丘吉尔政府的飞机生产部长。

瑟米尔勋爵[①]1932年正式将家族报纸生意交给其子第二代罗瑟米尔子爵掌管，这位子爵也是一名保守党议员。

今天，英国11家主要报纸中有6家可归于我们所说的“托利媒体”：《泰晤士报》《太阳报》《每日电讯报》《每日邮报》《每日快报》和《旗帜晚报》，它们都支持保守党。《泰晤士报》倾向性似不明显，但多数时候不完全公正，选举期间尤其如此。倾向工党的只有《卫报》和《每日镜报》两家。另外三家《i》《每日星报》和《金融时报》立场略偏右，并不明确支持哪个政党，2019年大选时就持中立态度。托利报系拥有者、亿万富翁鲁珀特·默多克、罗瑟米尔勋爵、列别捷夫勋爵[②]和巴克莱家族[③]等，与保守党关系密切。

近年纸媒体数量急剧下降，但两个阵营读者数量和影响力方面差距依然很大。2020年，托利纸媒日发行量总和是《卫报》和《每日镜报》之和的七倍多。虽然这种差距在互联网上缩小了，但它仍然很明显，前一阵营读者数量是后一阵营的两到三倍。这些数字还不能完全反映他们影响政治的不同能力。托利纸媒比相对温和的《卫报》更强烈地追求自己的政治议程，而且电视和广播也有追随纸媒的习惯，报纸倾向托利党会带动包括英国广播公司（BBC）在内的所有媒体，BBC是当前影响最大、受众最广的广

① 参见第五章内容。

② 列别捷夫勋爵（Baron Lebedev，1980—），俄罗斯裔英国商人，拥有《旗帜晚报》和ESTV电视频道，2020年由约翰逊提名成为上院议员。

③ 巴克莱家族，主要指双胞胎兄弟戴维·巴克莱和弗里德里克·巴克莱（David and Frederick Barclay），他们生于1934年，戴维已于2021年过世，英国亿万富豪，生意主要在媒体、地产和零售，拥有《每日电讯报》《星期日电讯报》和《旁观者》杂志等。

电媒体，它被波及的后果非同一般。BBC 号称中立，但其新闻会大体反映国内纸媒的内容，纸媒立场的不平衡成为该公司“平衡”报道的一部分，然后传导到其每月庞大的线上读者群以及电视和广播主干节目中。与托利媒体明确的党派倾向相比，BBC 的托利倾向不够明显，因而被保守党戴上了“左倾”帽子。

2019 年大选显示了保守党如何高效利用和绑架新闻报道。11 月 9 日，也就是投票日前一个月，保守党发出警告，称工党如果当选将在五年内花费 1.2 万亿英镑。这个数字纯属虚构，工党当时还未发布竞选宣言，《星期日邮报》《星期日电讯报》和《星期日泰晤士报》却都马上在头版刊登这一消息，仿佛这源自独立发现，而不是党派斗争宣传。《每日邮报》称工党将“让每个英国家庭损失 4.3 万英镑”；《每日电讯报》的标题是“工党‘不计后果’的开支规模被揭露”；《星期日泰晤士报》称这将“使英国破产”。BBC 旗舰谈话节目主持人安德鲁·马尔在节目中首先回顾了有关报纸内容，评论说“保守党中央办公室会很高兴，因为他们对工党开支的分析登上了一份又一份报纸头版”，并逐条读出各标题。后来他虽承认这个数字“虚假”和“不可靠”，但说得太晚、太少，就像政治评论员加里·扬格指出的那样，“这时候议题都已确定，你所能做的，或是谴责工党 1 万亿英镑开支的愚蠢，或是不认为其愚蠢，或是解释这为什么愚蠢。无论怎么做，你都会讨论它，意味着两样东西透过这些噪声沉淀下来，那就是‘工党’和‘1 万亿英镑’。这不是保守党精明投射信息的结果，而要感谢媒体忠实传声的作用。”

忠实传声对托利党保住权力至关重要，但到底发挥了多大作用？这很难精确衡量。混乱的政治环境中，不管是媒体编辑还是政客，一会儿说媒体反映了民意，一会儿又说媒体塑造了民意，这完全取决于当时的需要。某些时候，媒体是无所不能的政治演员，必须确保其站在自己一边，其他时候媒体则成为过去式，现在谁还读报纸？

今天，印刷媒体连同其线上版内容一起发挥着巨大影响力，但纸媒发行量不可逆转地持续下跌。在媒体环境愈发不利的情况下，许多支撑保守党成功的支柱可能会崩塌，该党已不易依靠媒体来重塑自己，不易用“国家利益”来令人信服地包装自己的精英议程。当作为托利党口舌的托利媒体越来越同广大民众的需求和愿望脱节，该党大众党的自我定位就会愈发空洞。从历史上看，对自称言论自由堡垒的媒体，更精确的描述是维持现状的堡垒，也就是维持保守党统治地位的现状。不了解英国媒体的发展简史，就不能一窥保守党统治的全貌。

19 世纪上半叶，报纸还只面向社会上层，《泰晤士报》拥有独特地位。该报与统治阶级的联系之紧密无与伦比；在所有出版物中，其报道团队受过最好训练并拥有最好资源；在印刷技术方面，1814 年它率先使用柯尼希（Koenig）蒸汽印刷机，1827 年使用阿普尔加思（Applegarth）印刷机，远超任何竞争对手；其销量约是其他日报的十倍。

《泰晤士报》相对成功的背后，有一个尴尬事实，即按后来的标准，该报发行量微不足道，1840 年《泰晤士报》在 1800 万人口中只卖出 2.3 万份，这还是自 1815 年以来发行量增加五倍后的数字。读者少，一是因为价格高，一份报相当于一个工人日薪的三分之一；二是因为报纸内容单调枯燥，其中的议会报道往往长达一万五千来字，大篇幅引用议员演讲内容，大部分文章冗长单调，且整个报纸基本没有图片。

《泰晤士报》不亲民友好并非偶然，是出于政治考虑刻意而为之，目的是让报纸及其包含的思想成为精英阶层的专属。政府向报纸和其他出版物征收印花税，使其价格高昂，让大多数民众望而止步。议员约翰·佩勒姆等人称赞这种安排“非常有用”，将报纸置于“有钱有势的人的控制之下，他们为了自己的利益，会以负责任的方式而不是像乞丐一样管理报纸”。他们认为，如果官方能够阻断激进思想的供给，就不会有对应的需求。另一位议员说，过高的价格和印刷成本将“阻止最危险教义的传播”。

现实并未按人们的想象发展。印花税实际上制造了两个媒体空间，一个是合法的，另一个是非法的。大量被称为“激进媒体”的地下出版物在不利环境下蓬勃发展，其从业者逃避印花税和其他出版相关税，并批评这些税为“知识税”，呼吁改革。这些地下出版物便宜得多，有更广大的读者，出版者若被发现则面临牢狱之灾。据说，1817 年那个不满之冬，一份叫《政治记事录》的报纸销量高达 6 万份，是《泰晤士报》的 10 倍，其辐射力更远超其销量，工人及其朋友们不仅分享该报，还经常在酒馆和集会中大声朗读报上的文章。

保守党和辉格党有理由对此加以担心。社会日益不稳定，空气中弥漫着革命的气息。当工人们开始想象一个更美好的世界时，激进媒体会进一步鼓励他们。一位议员在议会下院抱怨说，“那些臭名昭著的出版物煽动了（工人们的）激情，唤醒了他们的自私”，“把他们的现状与所主张的未来相比较，这种未来与人性格格不入，也与上帝为规范公民社会而制定的永恒法律格格不入”。一些议员开始怀疑知识税未起作用。他们意识到，这种安排非但没有阻止激进思想传播，反而任其更为自由地传播，有效的阻断不是通过禁令，而是通过竞争实现的。在官方支持下，由社会名流牵头出版人们买得起的报纸，报纸则可以引导公众心平气和、心甘情愿地接受现状。

爱德华·布尔沃－利顿[①]就持这种看法并率先身体力行。他是辉格党出身的保守党人，迪斯雷利的密友。他认为，报纸是除宗教外能够影响大众思想的为数不多的重要渠道，“贫穷无知的人，很容易接受社会财富分配不公这样肤浅而危险的观念”，廉价的建制派媒体有助于纠正这种观念，可以教育工人，让其不再因无知而接受危险观念。

布尔沃－利顿是当时的知名作家和剧作家，创造了“笔比剑更有力”的格言，简洁深刻地赞美文字具有改变世界的力量，考虑到作者的政治立场，格言在这里变成了对媒体的赞扬，赞其帮助建制派更好地进行统治。布尔沃－利顿向迪斯雷利保证说：“宣传温和保守观点的一便士报刊，会比保守党一半的议会演讲更能普及保守主义。”

上述是英国“新闻自由”的保守主义缘起。媒体的目的不是挑战或破坏现状，也不是陶醉于言论自由的无政府主义，而是保

① 爱德华·布尔沃－利顿（Edward Bulwer-Lytton，1803—1873），英国保守党政治家、作家，“笔比剑更有力”出自其作品戏剧《黎塞留》。

持社会现状。这与保守主义初衷一致，并没有受到自由主义或激进主义的驱使。时任大法官布劳厄姆勋爵1834年总结道："唯一需要回答和解决的问题是，人们如何最好地学习阅读，如何得到政治指导，养成最有利于国家政体和政治安全的习惯。"统治阶级仍然担心，如果允许传播激进思想，可能会播下自己垮台的种子，但更相信公众出于"常识"和本能会选择维持现状，最终于1855年废除了媒体印花税，英国自由媒体诞生。

媒体顺利发展壮大。接下来的几十年里，大多数激进报纸要么倒闭，要么被主流媒体吸收。报纸发行量1855年至1860年增长了两倍，接下来十年里又翻了一番。拥有报纸是一种发挥影响力的有效方式，主要政党附属机构、重要的实业家都积极创办、购买或重新创办报纸，新的地方日报层出不穷。媒体和议会之间的界限模糊了。1851年到1887年，保守党和自由党附属报纸的数量从189家增加到707家，19世纪60年代增长尤为迅猛。1857年议会下院只有四名议员进入报业，1892年增加到30人。这些报纸为主要政党代言。保守党最为积极进取，在媒体支持方面逐渐扭转被辉格党压制的局面。20世纪初，保守党形成对替代辉格党的自由党的明显优势。自那以后，除了布莱尔时期，保守党相对政敌一直维持优势。

媒体的迅速扩张，还带来促进英国现代民族国家建设进程的效果。布尔沃-利顿早就意识到报纸的塑造作用，他在19世纪30年代说："报纸是一个公共水库，每条溪流都将活水倾注其中，每个人都可以来这里喝水。"报纸把人们聚集在一起，让他们聚焦共同的威胁，明晰共同的利益，成为“将人与人连在一起的亲切纽带”。报纸拓宽了读者的眼界，如美国总统伍德罗·威尔逊1889年所说，媒体“让人们意识到，在他们枯燥的日常生活和邻里之外，还有国家的存在值得关注、国家的利益需要思考”。

从19世纪跨入20世纪，人们应该生活在什么样的国家和社会？此时英国全国性媒体影响力还不大，尚不能在回答这个问题上发挥重要作用，直到1932年，全国性日报销量才超过地方性日报，全国性媒体具有了相当规模和影响力。1886年莱诺排铸印刷机（Linotype machine）的发明极大地加快了报纸印刷，同时由于设备投入加大，鼓励大批量印刷发行。火车保证了报纸能够在全国范围内快速运输分发。与此同时，大众工资上涨，工作时长下降，识字率提高，对报纸更有胃口和需求。哪一份报能够承担满足新需求的重任？

1896年发行的《每日邮报》是英国第一份大众报纸，其创始人诺斯克利夫勋爵，本名阿尔弗雷德·哈姆斯沃斯，成为英国第一位报业大亨。哈姆斯沃斯1865年生于都柏林，是14个孩子中的老大，八岁时从做编辑的邻居那里得到一套印刷工具，激发了对报纸的热爱，很快创办了一本学校杂志。一战爆发后，50岁的他成为欧洲影响最大的报业大亨，几乎控制了英国一半晨报和晚报的发行，伦敦一半的报纸为他所有，主导地位无人能及。

哈姆斯沃斯是一位坚定的保守党人。他1894年收购了陷入困境的《伦敦晚报》，使其免于落入自由党人之手，赢得保守党人的好感，一年后代表保守党从朴次茅斯竞选议员，并收购了一份当地报纸助其竞选，虽然败选，但很快发现自己在议会外，比在议会内能发挥更大影响力。

《每日邮报》成为他成功的基石。该报每份半便士，一般人都能买得起，编辑奉行“解释、简化、澄清”的宗旨，立场鲜明，观点突出，内容通俗易懂，是“大忙人的日记”，不再有一万五千字的议会议事记录，而刊登各种各样的故事。哈姆斯沃斯喜欢说：“英国人喜爱英雄，憎恨坏蛋，爱憎分明。”《每日邮报》号准读者脉搏，一方面狂热支持英帝国事业，另一方面强烈反对德国扩张。当一名记者质问报纸是否在迎合读者偏见时，哈姆斯沃斯回答说：“偏见？如果你想称其为偏见的话，大多数普通人的偏见也是我的偏见，因此也是我报纸的偏见。”哈姆斯沃斯又阐释，理想的读者是内心有抱负的个人主义者，“喜欢读成功人士的消息，相信自己终将成为他们中的一员并以此为荣”。

哈姆斯沃斯找到了成功要诀。几年内，《每日邮报》的销量达到 50 万份，又几年后突破了 100 万份。随着他的影响力不断上升，保守党给予其更多奖励，1904 年封其为贵族，一年后授男爵爵位，成为诺斯克利夫勋爵。[①]1907 年，他又将《观察家报》（*The Observer*）和《泰晤士报》收购到麾下，《观察家报》是英国留存下来最古老的周日报纸，《泰晤士报》当时被其他国家视为英国政府的喉舌。

英国政坛出现了一种新型权力玩家——媒体大亨。诺斯克利夫只是其中之一。随着报纸发行量飙升，所有权开始集中在少数人手中，公开同政党绑定在一起的报纸不多了，且都表现谨慎。诺斯克利夫的兄弟和合伙人哈罗德成长起来，事业直追其兄，成

---

① 指被给予议会上院议员地位。

为罗瑟米尔勋爵，1922年诺斯克利夫去世后，他成为家族王朝的领军人物。1910年，30岁的加拿大商人马克斯·艾特肯搬到伦敦，很快与保守党结盟，1916年在保守党帮助下购买《每日快报》，《每日快报》是创办于1900年的另一家托利媒体，艾特肯不久后成为比弗布鲁克勋爵。

这些大众媒体立场倾向保守党，但该党很多元老却并不乐见媒体快速发展。在他们看来，只有了解英国乡村社会、具有贵族责任感的地主士绅才有资格引领舆论，“廉价报纸”庸俗不堪，其风格只能迎合国民的低级本能。索尔兹伯里勋爵套用萨克雷《潘登尼斯》[1]中“绅士为绅士而写”的话，贬低《每日邮报》是“打工人为打工人而出版的”。但他又向哈姆斯沃斯发去贺电，祝贺《每日邮报》创刊。另一位保守党大佬克劳福德勋爵在日记中嘲讽比弗布鲁克是“一个不诚实的人”，《每日快报》是“一份粗鄙的报纸”，还称罗瑟米尔为“恶棍”和“叛徒”。那时对许多托利党人来说，“商业”这个词仍然很肮脏，因为它的所有含义都是“利润”和“改进”。新闻界也同样可怕，历史学家A. 泰勒[2]称它象征着“英国社会腐败势力泛滥的大本营”。

随着时间推移，媒体大亨们聚集了更多权力，成为越发不受控制的力量。他们还企图推翻首相，找中意的人选来接替，并以报纸支持为条件，换取干涉政党政策、挑选内阁成员的权力。一

① 《潘登尼斯》（Pendennis），英国著名作家萨克雷（1811—1863）于1848—1850年写的批判现实主义小说，以没落贵族出身的青年潘登尼斯在伦敦成长的坎坷经历，展现了上流社会唯利是图、冷漠自私的本质。

② A. 泰勒（A . J. P. Taylor，1906—1990），英国历史学家，专门研究19世纪、20世纪欧洲外交。

战期间，出于拉拢报纸等原因，劳合·乔治的联合政府任命诺斯克利夫为英国宣传总监，并委任比弗布鲁克和罗瑟米尔要职。但媒体大亨享有巨额财富，意味着他们不会无条件效忠政府，常常不断向政府提出自己的要求。

私人掌控报纸的态势，让媒体在很多方面似乎比以前更加“独立”，有点儿像原本新闻自由的样子，但整体机制上，还是给予掌权者更多保护而不是监督审查。报纸不再受政党直接控制后，一方面更加不掩饰地捍卫精英的既得利益，毫不留情地痛击任何威胁其权力和财富的政治运动，另一方面态度更加挑剔善变，因为掺杂了报业大亨自己的政治抱负和特殊利益。即便这样，媒体也未被加诸审查制度。乔治·奥威尔在他的文章《新闻自由》中指出，媒体都标榜自由和民主，掩盖了自己的政治偏见，这更为阴险，“英国大部分媒体为少数富人所有，高度集中垄断，他们可以随心所欲地对某些重要话题采取不诚实的态度”，“压制不受欢迎的想法，掩盖不利事实，而不需任何官方授权”。

保守党和媒体也曾发生激烈对抗，不是因为媒体问责政客，而是因为媒体向保守党施加压力以影响其政治议程。一些媒体大亨以为保守党正在背叛自己的事业，而自己能够更好地领导国家。比弗布鲁克和罗瑟米尔试图将该党进一步向右推，派出自己的候选人、成立竞选团队，同托利党在补缺选举中竞争。1929 年，工党首次成为议会第一大党并组建政府后，保守党面临包括媒体在内的各方的更大压力。两年后，焦头烂额的保守党领袖斯坦利·鲍德温进行反击，在一次著名演讲中这样谴责媒体大亨：

罗瑟米尔勋爵和比弗布鲁克勋爵经营的报纸，不是通常被认可的那类报纸，而是他们两人不断变化的行动策略、野心欲望、个人好恶的宣传机器。他们的方法是什么？就是指鹿为马、改头换面、真假参半、断章取义……拥有这些报纸是为了追求权力，没有责任的权力——古往今来妓女的特权。

今天鲍德温的话仍能引起共鸣，但报业大亨已不同以往，他们以公司的方式经营报纸，很少个人出面干涉业务。比弗布鲁克曾半开玩笑地说自己经营《每日快报》“纯粹是为了操纵舆论，没有其他动机”。他是出了名的爱干涉，该报长期编辑亚瑟·克里斯蒂安森回忆说：“比弗布鲁克勋爵负责决策，我只管执行。”鲁珀特·默多克 20 世纪 60 年代末开始活跃于传媒界，最初表现得像一个老报业大亨转世，后来知道过多干预将导致审查和丑闻，造成严重负面影响，他和他的同僚们就乐于同编辑保持距离。编辑享有一定自由来确定政治报道议题时，通常都会考虑报纸所有者的利益。就像《太阳报》前编辑大卫·耶兰所说，“默多克的大多数媒体编辑会想，鲁珀特对这个问题怎么看？”“它像你脑子里的提示语，像一个滤镜，让你通过默多克的眼睛去看世界。”报业经历了很多变革，但很多东西仍保持不变。

保守党对媒体的垄断在一些历史时段大为减弱。二战前后，左派媒体力量达到高峰，战争的残酷加深了人们对社会不平等的认识，并导致更严格的媒体监管。《每日镜报》变得越来越左倾，很快成为英国最受欢迎的报纸。另一家有影响的报纸《每日先驱报》由“工会大会”控制，全面支持工党的事业。当时甚至支持保守党的报纸也谴责英国存在贫困问题。

这一难得的机会之窗，恰逢工党选举取得巨大成功（下一章专门论述），削弱了保守党对媒体的主导地位。1924 年至 1945 年，支持工党的媒体，发行量所占市场份额从 5% 升至 35%，而保守党媒体份额从 72% 降至 52%。20 世纪 60 年代末，默多克崛起，收购《太阳报》并将其转变为不严肃的小报后，媒体又回到以往常态，即持右派观点的报纸无可争议地成为主流。在重塑品牌的九年内，默多克的《太阳报》取代《每日镜报》成为发行量最大的报纸。右翼媒体给予撒切尔和托利党类似于 1924 年那样的狂热支持，该党连续四次赢得选举。2019 年时，支持保守党的媒体发行量占比达四分之三，支持工党的媒体发行量占比仅有十分之一。

"托利媒体"绰号有时不再名实相符。20 世纪晚期，新闻界和保守党之间联系逐渐松疏，1997 年时达到临界点，一些有影响的媒体大亨转而支持工党，这在以前是难以想象的。用彼得·曼德尔森[①]的话说，托尼·布莱尔的新工党乐于让任何人"暴富"，结果"托利媒体"变成了"托尼媒体"，几乎所有主流报纸都站在布莱尔一边。但这种暂时的忠诚转向，更多是因为布莱尔立场和政策的保守主义倾向，而不是媒体大亨们转向激进主义。第三代罗瑟米尔子爵 1997 年谈到他的报纸过去的保守主义立场时说道："那是不同的世界、不同的社会，一切都不同。现在世界又变了，

① 彼得·曼德尔森（Peter Mandelson，1953—），英国工党政治家，曾任布莱尔内阁和布朗内阁要职，2004—2008 年期间任欧盟贸易代表。他与布莱尔、布朗一起，被认为是将工党改造为新工党的关键人物，擅长幕后公关。

所以我支持托尼。”这位资产亿万的媒体大亨，当时是英国排名第九的富翁，形容布莱尔“像一股新鲜空气，一种新的精神”。

媒体钟爱布莱尔，与新工党连续三次胜选同时发生，强化了人们头脑中媒体影响力很大的印象。戴维·卡梅伦领导保守党后，媒体又快速无碍地恢复了同保守党的亲密关系，清楚表明其自然忠诚之所在。除了媒体大亨同托利党领导层之间长久维持亲善关系外，报纸编辑和知名记者通常与保守党议员结成密友，或成为其未来的政治顾问，或者像约翰逊那样，自己离开媒体转而从政。

约翰逊当首相后，其核心团队中募用了很多前记者及其亲属。约翰逊最信任的大臣迈克尔·戈夫之前是《泰晤士报》主要撰稿人，后来成为保守党议员，2021 年同《每日邮报》明星专栏作家莎拉·文因结婚；约翰逊另一位忠实支持者雅各布·里斯－莫格从约任首相至今一直任大臣，[①] 其父威廉·里斯－莫格 1967 年至 1981 年任《泰晤士报》编辑；曾任约翰逊幕僚长的多米尼克·卡明斯，[②] 之前是《旁观者》杂志网络版编辑，其妻玛丽·韦克菲尔德曾是《泰晤士报》《每日电讯报》《太阳报》和《每日邮报》撰稿人，后为《旁观者》特聘编辑；约翰逊的财政大臣、最终成为首相的苏纳克，给詹姆斯·福赛斯做过婚礼伴郎，福赛斯曾是《旁观者》政治编辑、《泰晤士报》专栏作家，2022 年 12 月被任命为苏纳克的政治秘书，福赛斯的妻子阿利格拉·斯特拉顿曾短暂担任约翰逊的发言人，2021 年因“派对门”事件被迫辞职；约翰逊

① 里斯－莫格为 2024 年大选中的落选议员。

② 多米尼克·卡明斯（Dominic Cummings）为约翰逊做台前公关和幕后联络、沟通等，在本书中多次出现。

的妻子嘉莉2021年与约完婚，也有小型媒体关系网，其前男友哈里·科尔是《太阳报》的政治编辑，她的朋友亚历克斯·威克汉姆也是有名记者，据说是约夫妇儿子的教父。

自由媒体保持独立，从一开始就不言自明。《泰晤士报》1852年宣告："为了完全独立地履行职责，进而最大程度地推进公众利益，媒体不能与当前政治家结成紧密或有约束力的联盟，也不能贪图政府提供的一时好处而牺牲自己的长久利益"。

大多数记者、编辑和媒体老板口头上仍然支持这一理想。现实中，现代英国政治是在被约翰逊称为"新闻政治综合体"的媒体关系网中运作的，记者、编辑和政治家参加同样的聚会，送他们的孩子到同样的学校读书，媒体人士的忠诚会得到回报，能了解到别人了解不到的消息和政策，还会获封贵族和爵位。诺斯克利夫走过的从报社老板到议会上院勋爵的道路，今天仍然畅通。约翰逊任首相第一年，就将两名编辑、两名专栏作家和一名报业大亨推进贵族院，与该院中其他30多名新闻业出身者为伍。媒体人士获得褒奖，一般是因为其"对新闻事业的贡献"，在这里，确切来说是认可其对保守党的贡献。

据多米尼克·卡明斯的说法，约翰逊"一千倍地痴迷于媒体"，将《每日电讯报》称为"我真正的老板"。但他对媒体的偏爱只是延续保守党的宝贵传统：获胜后奖励你的朋友和支持者。撒切尔夫人第一任期内将《太阳报》编辑拉里·兰姆、《星期日快报》编辑约翰·朱诺、《每日邮报》编辑戴维·英格利希封为贵族。维克多·马修斯1977年至1985年拥有《每日快报》，1979

年向保守党提供了一大笔社团捐款，一年后被授予爵位。他说："我有报纸可以发表自己的观点，但我觉得议会上院更好。"媒体人威廉·里斯-莫格与撒切尔先后毕业于牛津大学，1988 年获封进入上院。撒切尔对自己获得媒体青睐认识得很到位，她说："因为我对他们很好。"

鲍德温认为，把媒体仅仅看作托利党的跟班是不对的。尽管彼此有共同目标和密切联系，但这种纽带是基于实用主义而不是忠诚，你帮我挠背，我也帮你挠。如，为换取默多克的支持，撒切尔未将默多克收购《泰晤士报》和《星期日泰晤士报》的计划提交给"垄断与并购委员会"[1]，因为该委员会很可能否决默多克的收购。当布莱尔说服默多克转投工党时，也给出了类似条件。布莱尔的幕僚兰斯·普莱斯回忆说："如果不干涉默多克追求自己的商业利益，他会给工党一个公平的机会。"接着，布莱尔还给默多克的孩子当起了教父。戴维·卡梅伦也是懂规则的，同默多克的"新闻国际"及改名后的"新闻集团"建立了密切关系，"新闻集团"已成为英国最强大的媒体集团。据报道，《泰晤士报》执行主编丹尼尔·芬克尔斯坦同乔治·奥斯本"每天要交谈六到七次"，丹尼尔 2013 年获得爵位。"新闻国际"首席执行官丽贝卡·布鲁克斯曾打趣说，她"现在和卡梅伦合作管理政府"。

布鲁克斯 2009 年发给卡梅伦的一条信息，可能是英国媒体没有保持中立的最佳注脚。布鲁克斯与布莱尔和戈登·布朗关系密切，后者在 2009 年参加了她与查理·布鲁克斯的婚礼。布鲁克斯

① "垄断与并购委员会"（Monopolies and Mergers Commission），英国独立法定机构，1999 年被竞争委员会替代。

同卡梅伦的关系更为密切，曾同卡在科茨沃尔德[①]做过邻居，与卡梅伦的顾问、前《世界新闻报》编辑安迪·库尔森有过恋情，安迪因卷入电话窃听丑闻于2011年辞职。布鲁克斯的丈夫在伊顿公学时就认识卡梅伦，卡周末经常到布鲁克斯家吃饭，定期参加他们一年一度的跨年派对。2009年，在卡梅伦发表保守党年会演讲之前，布鲁克斯给他发来支持短信："明天我将为你加油，作为朋友感到骄傲，而且从专业角度说，我们是在一起做事。这是你的舞台，准备登场吧！"

不是说托利媒体从不审视或批评保守党，有时它也猛烈攻击保守党，但目的通常是为影响其议程或人事任命。到紧要关头时，托利媒体和保守党会搁置分歧，联合起来对付老对手工党，确保火力向工党集中。罗瑟米尔和比弗布鲁克之流对攻击工党这一套再熟悉不过。媒体帮助保守党树立了爱国、代表繁荣及刻薄仇外的形象，为其唱赞歌；针对工党，媒体反复运用散布恐惧和谣言的手法，制造了不少谎言和谜团。

保守党声称，不论谁领导，工党总是危险的、不爱国的。从工党成为选举有力竞争者那一刻起，《每日邮报》就在推动这种叙事。1923年11月，大选前夕，《每日邮报》称"工党厚颜无耻地自称是英国工党，其实它根本不是英国的政党"。大选后产生了第一届工党政府，对手更加气急败坏，在1924年举行的提前大选中，保守党向《每日邮报》泄露一封伪造信件，声称有证据表明

① 科茨沃尔德（Cotswolds），号称英国最美乡村地区，是西南英格兰正中央的一大片区域，因风景优美和历史悠久而成为国家级保护区。英国不少王室成员和社会名流都在该地区有自己的住宅。

工党与共产国际合作。《每日邮报》大张旗鼓地刊登此信，称“为了国家安全，每个清醒的男人和女人都要在周三投票，投给知道如何对付叛国罪行的保守党政府”。《每日镜报》头版标题是“投给不列颠人，不投布尔什人”（Vote British，not Bolshie），还问询读者：“你想投票给维护法律、秩序、和平和繁荣的领导人，还是投票给推翻社会、为布尔什维克主义铺路的人？”这封被称为“季诺维也夫来信”的信件给工党造成了很大伤害，几十年后才被证明是伪造。当保守党获胜时，《每日邮报》编辑称：“我想在所有大选历史上，刊登这封信的影响无与伦比，据我所知，没有任何一件事能在公众心中引起如此直接和明显的效果。”《每日邮报》的老板罗瑟米尔向比弗布鲁克吹嘘说，可能为保守党多赢了一百个席位。

一个世纪后，媒体对选举的关注和报道依旧是这种模式。用卡梅伦 2015 年那条出名推文来说，英国人总是面临简单而无法逃避的选择，要么选带来稳定和强大的保守党，要么选带来混乱的工党。当找不到可以引发恐惧的实际事例时，用影射和编造就能达到效果。1945 年《每日邮报》想将克莱门特·艾德礼描绘为极端主义者，就说他长得像列宁。丘吉尔毫无根据地说：“如果社会主义者获胜，英国就会出现盖世太保。”《每日快报》竟将其作为事实来引用。1979 年《每日电讯报》坚称工党竞选宣言是“要把英国变成极权的社会主义国家”。20 世纪 80 年代，《星期日泰晤士报》曾指责工党领袖迈克尔·富特[①]为苏联克格勃工作，受到

① 迈克尔·富特（Michael Foot，1913—2010），英国政治家、作家，1980—1983 年为工党领袖，曾为工党前领导人贝文和威尔逊撰写传记。

诽谤起诉后收回了指控。1992年，《太阳报》发表斯大林的幽灵支持工党领袖尼尔·金诺克[①]的漫画。《每日邮报》还将举止温和的工党领袖埃德·米利班德称为“阶级战争狂热分子”，给其冠名“红色埃德”，批评其父[②]是“憎恨英国”的社会主义者。

媒体用更加尖锐和怪异的辞藻来指责米利班德的继任者科尔宾，称其为俄罗斯的间谍、伊斯兰极端分子的盟友、犹太人的重大威胁、恐怖分子的同情者，还“清洗”党内不同政见者。为了试图“揭露”科尔宾，开始歪曲真相和事实。如《太阳报》和《每日邮报》刊登科尔宾参加纪念二战的“纪念星期日”活动照片时，给人以他不尊重二战老兵的印象。2017年大选前一天，《每日邮报》发表一篇长达13页的特写，“证明”科尔宾和他的团队“为恐怖主义辩解”。《太阳报》呼吁选民“投票给保守党，除非你想成为恐怖分子的朋友”。2019年，在不掌握材料的情况下，《太阳报》政治编辑汤姆·邓恩（前保守党欧洲议会议员之子）恶劣地发表了一篇“独家”报道，称一群前英国情报官员在工党中央发现了一个“顽固的极端左派网络”。后来发现消息竟源起于一些新法西斯主义网站时，《太阳报》迅速删除了这篇报道却没有给出任何解释。与此同时，《每日电讯报》头版刊登约翰逊的专栏文章，称科尔宾的工党“以斯大林当初迫害地主富农那样的复仇心理，对当今的富人横加指责”。

托利媒体像保守党一样，把自己定位为国家的化身，宣扬自

① 尼尔·金诺克（Neil kinnock，1942—），英国议会上院议员，1983—1992年为工党领袖。

② 埃德·米利班德之父为拉尔夫·米利班德（Ralph Miliband），是英国左翼学者、社会学家，被称为当代研究马克思主义最好的学者之一。

身爱国，同时诋毁替罪羊，煽动对少数族群的歧视。这样做目的不外有二：一是制造争议，从而扩大报纸发行量；二是制造出一大堆道德恐慌，然后推出托利党为解决方案。比弗布鲁克在电话里对其员工用流行歌曲曲调唱“播下不和的种子，播下不和的种子”的唱词；2003年《星期日快报》一份内部备忘录中写道，“我们必须让读者感到愤怒。”只要反复地凭空捏造、夸大其词、添油加醋，不凭借事实，报纸也能点燃读者的怒火——这屡试不爽——最后再召唤托利党来拯救国家。

托利媒体老板支持保守党人的经济政策，因为他们对财政问题看法相近。这些报纸关注公共财政状况，立场却自相矛盾，一方面痛斥骗取福利现象，对所谓的政府挥霍浪费耿耿于怀，希望降低公共支出和税收，认为福利政策过于慷慨，是在奖励懒惰，浪费纳税人的钱，另一方面对避税漏税现象视而不见。早期《每日邮报》抨击地方政府为“浪子”“挥霍狂”。第五章提到过，《每日邮报》这种立场甚至导致其在两次世界大战之间与法西斯主义关系暧昧，该报称赞墨索里尼“对政府各部门实行资金和人员配给，做了《每日邮报》无数次建议政府应该做的事情”。

右派和媒体常将福利申请者、难民和极左派一道当作替罪羊，攻击其为“乞丐”“骗子”和依赖于他人辛勤劳动的“寄生虫”，称工党为这些人的可恶捍卫者。2008年经济衰退后，媒体重复这种令人作呕的叙事，并用各种虚假信息为保守党紧缩计划辩护。虚假信息导致错误认知，民调机构YouGov2013年的一项调查发现，人们相信41%的福利预算花在失业者身上，而实际数字是 3%；认为骗取保险和福利花掉了四分之一多的福利预算，而政府公布的数字是 0.7%。保守党自那时起一直乐见出现这种错误认知，并利用其为自己辩护。实行 12 年紧缩政策后，英国的福利政策在发达国家中几乎最为吝啬、最具惩罚性。2022 年 10 月由《每日电讯报》主办的保守党内部会议上，时任内政大臣布雷弗曼[①]还称，为拯救经济，保守党需要取缔“福利街头文化”。

媒体口是心非，号称尽心为公众守护钱包，却对逃避税漠不关心。逃避税是在挖财政墙脚。根据 2021 年官方数据，因未缴、逃避和欺诈等原因，国家每年税收损失约 350 亿英镑，而骗取福利每年造成的损估计为 35 亿至 65 亿英镑，完全是小巫见大巫。多数媒体会为琐事大发雷霆，对巨大税收漏洞毫不生气，更有甚者，当逃避税收成为公众关注焦点时，还有意淡化此事。

2016 年，“巴拿马文件”[②]披露卡梅伦首相的父亲用“离岸避税天堂”避税，并可能益及卡梅伦。多数媒体对此态度模棱两可。《太阳报》编辑汤姆·邓恩说，这没什么稀奇，不过是“设在巴哈马的无聊投资基金用美元做交易，因为这个加勒比海群岛位于美元区内”。《每日邮报》对此表示赞同：“事实不过是，这个国家的任何收入阶层，其父母都希望自己的孩子比自己过得好，愿帮他们一把。”《每日快报》在卡梅伦发表相关声明后，刊文标题是：“首相支持你将财富传给后代的权利”。时任财政大臣苏纳克的妻子被曝光，其登记居住地不在英国，《每日邮报》记者丹·霍奇斯

① 参见第二章注释。

② “巴拿马文件”，2016 年国际调查记者同盟披露，有关国家离岸金融公司通过巴拿马进行逃避税等不透明金融操作，涉及多国权贵政要、富商财阀。

立即在推特上谴责说，揪住此事不放的人是性别歧视，因为他们认为妻子应该“为丈夫事业着想来谨慎管理自己的税务”。这里值得停下来想一想，当一个保守党重要部长涉及丑闻时，为什么记者本能地迅速为其辩护？《太阳报》关于此事的标题是“里希·苏纳克的妻子阿克莎塔·穆尔蒂为非居民税务身份辩护并否认逃税”，没有对苏纳克不利的评论，《每日快报》只是在关于苏纳克支持率下跌的报道中顺便提及此事。

媒体为什么对逃避税收一事轻描淡写？不是因为媒体依从保守党，而是他们之间有很多共同利益。首先，托利记者和托利党政客对税收看法一致，都认为所有的税收都不好，所以没人会因逃避而受指责。其次，托利媒体大亨所掌握的公司本身就是出了名的逃避税收者。报告称，默多克的新闻集团 1988 年至 1999 年有效避缴了任何英国公司税，尽管其利润超过 10 亿英镑。“巴拿马文件”披露，新闻集团子公司“英国新闻集团”在避税天堂有 150 多家小公司帮其避税。澳大利亚税务局 2015 年将新闻集团列入避税最高风险一类，这一类中也只有新闻集团一家公司。《每日电讯报》老板巴克莱兄弟用离岸信托基金来管理报业。罗瑟米尔勋爵通过一个位于泽西的“总体信托”基金从其父手中继承了《每日邮报》，《每日邮报》和“总体信托”的母公司“罗瑟米尔连续性有限公司”则位于百慕大。拥有《每日快报》和《每日星报》的理查德·德斯蒙德[①]的公司也有悠久的避税史。一直以来，上述报纸都以最最爱国立场自居。

---

① 理查德·德斯蒙德（Richard Desmond，1951—2015），英国出版商，媒体经营者，拥有多家报纸、电视台和色情杂志及媒体。

因此，托利媒体的悖论与保守党自身的悖论颇为相似，既要表现出对建制派批评挑剔的态度，内心却拥护建制派；要为“街头普通人”发声，自己却住在价值数百万英镑的豪宅中；既光顾普通酒吧，又出入高级会所；声称面对莫须有的威胁，自己将勇敢维护公众利益。托利媒体和托利党攻击左翼与极端分子有瓜葛，指责左翼政府浪费纳税人的钱，大喊左翼虚伪，而他们自己同极右翼勾勾搭搭，将钱财藏到海外，暗中推动为自身谋利的政治议程。

第一代媒体大亨就呈现出一定的民粹主义色彩，当代大亨默多克、罗瑟米尔、列别捷夫勋爵和巴克莱兄弟等也不遑多让，他们控制英国四分之三的报纸，将自己定位为小人物的勇敢捍卫者，同时都与保守党保持密切关系。默多克尤其深谙此道，而自己受教于精英私校和牛津大学，其父是被封为贵族的媒体老板。保守党政客对媒体大亨所起的作用也一清二楚。

媒体持偏袒立场，没有引起多大关切，反而被视为英国政治格局的自然反映；左翼对媒体立场的不满，或被认为是粗暴地宣称“选民因被媒体洗脑而投票给保守党”，或被视为一种酸葡萄心理。上述看待媒体作用的左倾思维可能有简单化之嫌，人们从报上读到的和实际去做的没有特别直接的联系，无论是媒体还是市场营销部门都不能决定人们的所想所做，政治上的想法和作为尤其微妙复杂。社会学家阿莉·霍赫希尔德[①]写道：“购买来的政治

---

① 阿莉·霍赫希尔德（Arlie Hochschild，1940— ），美国社会学家，加利福尼亚大学社会学教授，研究社会学、情绪社会学和政治学。

影响力是真实、强大且发挥作用的……但认为这就能决定任何人想要做的事情，就算人们比较轻信，也是太天真的想法。”

人们不愿讨论媒体是否对保守党掌权发挥作用，因为很难了解具体情况和影响程度。民众是从报纸中接受其政治观点，还是根据自己的政治观点来选择报纸？持保守主义观点的报纸在总发行量中占比通常超过70%，支持保守党的选民比例通常为30%至43%，这两个比例长期以来保持着这种不一致，似表明媒体影响并不大，人们就是投给自己偏好的政党。我们也无从得知，在媒体总体立场更加公允而非偏袒一方情况下，保守党和工党各自表现会如何。

今天，英国媒体的局限愈发突出。20世纪90年代，5500万人口中有400万人阅读《太阳报》，而现在，《太阳报》《每日邮报》《每日镜报》《每日快报》《泰晤士报》和《卫报》加在一起，销量不到400万。人们对报纸的信任度也急剧下降。在英国，记者通常是最不受信任的职业之一。最近研究表明，媒体与公众之间的关系，在英国比在欧洲其他国家更差，英国公众对本国媒体的信任度差不多是最低的。当人们阅读报纸却不再相信报纸内容时，报纸实际对公众能产生多大影响呢？

媒体并非无所不能，其实它也不需这样。只要英国的当权者继续相信媒体的力量，它就能继续对英国政治产生某种形式的影响，这种信任目前尚未减弱。鲍里斯·约翰逊多年前罕见地反省说：“我们政客有时会被虚荣所拖累，以至于我们的存在、自尊和自我定义都取决于我们自认为的媒体形象。”肯·克拉克[①]说过，“如果你想赢得选举，就必须有《太阳报》支持，如果你想继续掌权，就必须有《每日邮报》捧场”，这是威斯敏斯特[②]思维的基本信条。很多工党领导人对媒体感到恐惧并用比喻来表达这种恐惧。布莱尔是工党领袖中同媒体关系最好的，但仍把媒体比作“成群狩猎”的“凶猛野兽”（feral beasts），并这样解释他为什么要讨好媒体、与之合作：“骑在老虎背上总比让它撕裂你的喉咙要好。”前工党政治家汤姆·沃森描述媒体“像黑手党”。据前《每日镜报》记者、布莱尔的公关幕僚阿拉斯泰尔·坎贝尔说：“如果公众知道某些媒体的运作真相，他们绝对会感到震惊。”

显然英国媒体现状并不符合健康民主的标准。抽象地说，捍卫媒体自由是不够的。自由地抨击平民的微小不端，煽动对底层民众的歧视，却让当权者免受监督审查，这样的媒体自由，既不值得拥有也不值得捍卫。从供需原则来看，英国媒体社会代表性不足，还不能称自己代表民意。2019 年大选时，75% 的报纸支持保守党，“大获全胜”的保守党所获选票率远低于 75%，10% 的报纸支持工党，工党所获选票率则远高于 10%。[③]

保守党的长期成功以及媒体给予其狂热助力的事实表明，媒体的存在，不是为了制衡保守党统治，而是为其提供支撑和帮助，媒体已成为托利党国宏大架构中不可或缺的支柱。媒体的作用难以具体衡量，就算读者不太相信媒体讲的故事，但每天被喂料说

① 肯·克拉克（Ken Clarke，1940—），英国保守党政治家，投身政治超过半个世纪，曾在撒切尔、梅杰、卡梅伦政府中担任要职。

② 指英国议会或英国政治。

③ 2019 年英国大选，保守党所得选票率为 43.6%，工党所得选票率为 32.2%。

要亲托利、仇移民、批左派和崇军尚武，也足以让保守党声称自己是国民愿望和情绪的代表。媒体和保守党一道，热衷于将社会弊病归咎于移民、少数族群、骗取福利者和不爱国的左派，因为他们有一个共同目标：不要让工党占据了保守党把持的权位。

第七章

英国工党——制衡、陪衬还是不同的道路

“如果让一个人说出英国工党过去25年最大的成就，他很可能回答，是改造了英国保守党。”

——工党议员约翰·斯特雷奇[1]，引自1955年出版的

《工党政府和英国工业，1945—1951年》

“托尼·布莱尔和新工党。我们迫使对手转变了思想。”

——玛格丽特·撒切尔2002年被问及她

最大的成就时的回答

“他们说我讨厌这个党和她的传统，其实我并不讨厌。我热爱这个党，我讨厌的只是失败传统。”

——托尼·布莱尔2006年工党年会演讲

① 约翰·斯特雷奇（John Strachey，1901—1963），英国工党政治家、作家、记者出身，20世纪30年代倾向共产主义观点，二战后一度担任食品部长，观点也转为社会民主主义。

1995年7月中旬一个周末，工党新领袖托尼·布莱尔飞往位于澳大利亚大堡礁的海曼岛，会见鲁珀特·默多克及其报业高管和编辑团队。布莱尔民调支持率飙升，已被认为是英国的待任首相。默多克曾忠实支持撒切尔，坐拥《泰晤士报》《太阳报》及各自的周日版报纸，得到默的支持会确保布的胜利。布莱尔在《旅程：布莱尔回忆录》中写道，“英国最有影响力的报业老板，其报纸一向激烈反对工党，却邀请我们到访其虎穴”，“你该去，不是吗？”邀请太好了，难以拒绝。

布莱尔决定接受邀请，这受到党内人士的激烈批评，1992年大选默多克攻击工党让他们受到伤害。但布莱尔仍按计划进行了包括此行在内的大范围造访拜会，旨在让那些有权有势者们放心，工党政府不会为难他们。会见默多克时，布批评工党以往领导人对“家庭和个人责任”重视不够，“不适合竞选”，保证自己与他们不同，并称撒切尔为“激进派而非托利党人”，所以自己是其天然继承人。他还大谈“新工党”，称“僵化的经济计划和国家控制的老办法行不通”。

布莱尔发起进攻，目标却是自己的政党。同年4月，他完成了抛弃党章第四条这一标志性战役。该条款承诺，至少在名义上，要将关键行业国有化。取而代之的是，新工党赞许“企业家的开拓精神和激烈的市场竞争”。一位评论家当时指出：“布莱尔的策略很简单，就是背叛要趁早，这样才能获得政权，否则工党只能面对残酷现实。”

残酷现实是什么？就是到下一次选举时，工党很可能四连败，近20年被排除在政权之外；撒切尔11年的统治深刻改变了英国的政治和社会面貌。对布莱尔来说，残酷现实背后的含义很清楚，强调平等、福利和国有化的传统政纲已经过时，工党必须重塑自身，需要有新的使命、目标和语言。

20世纪90年代初，很少有人会想到，曾自诩“未来政党”的工党需要“现代化”。本应是代表着旧统治阶级、根源上溯至17世纪的托利党需要与时俱进地斩断根脉、重修宗旨、改头换面。然而，经历了撒切尔统治、柏林墙倒塌和自由资本主义在世界范围的表面胜利后，历史进程戏剧性逆转，社会主义者在20世纪末的英国竟成为不合潮流的远古恐龙，工党虽不信奉社会主义思想，但因多少有些联系而被认为有罪，被要求切断这一联系。

布莱尔的任务是让工党重回主流。作为精英私校培养出的牛津毕业生，他有保守主义倾向和虔诚基督教信仰，非常适合将银行家、财阀、代表“英格兰中产阶级”[①]利益的报业老板等这类老对手转为新朋友。布莱尔承诺维护过去20年形成的经济共识，财政支出至少在第一任期内与保守党政府时相接近，同时适当考虑21世纪的新要求，以及捍卫多元文化主义、少数族裔和“不幸者”利益的需要。他似乎在告诉保守党人：看，我这也是保守主义，但更好看、更善良、更亲欧、更不卑鄙。有人担心新工党的

① 英格兰中产阶级（Middle England）是一个特定政治、社会术语，20世纪70年代撒切尔套用美国术语“Middle America”而使用过，20世纪90年代开始流行，通指英格兰的中产阶级民众，他们普遍持保守主义观点，被认为是托利党国的中坚阶层。

乐观、博爱自由主义会失之于宽、松、软，但布莱尔主张严规峻法和社会有序。为减少青少年犯罪，新工党早期政策提议“对屡教不改的青少年犯罪进行快速惩罚”，禁止少年儿童晚 9 点后无人陪伴出门。工党影阁内政大臣杰克·斯特劳[①]解释说：“看到孩子们晚上 9、10 点或 11 点独自遛街，我会和绝大多数家长一样感到震惊”，还说“将消除酒鬼和瘾君子在大街缠人乞讨现象”。既有威严又自由自在，这样的英国谁人不爱？

1997 年，得到默多克支持的布莱尔完成了任务，工党赢得了自己史上最多的议会席位，让保守党收获了自 1832 年以来最惨的失败。布莱尔成为英国近两个世纪来最年轻的，也是 1963 年至 1964 年任首相的霍姆伯爵后，又一位受过精英私校教育的首相。布莱尔开始带领工党雷厉风行地大展拳脚，托利党人在很多方面遇到前所未有的对手。此前，只有一位保守党领袖因选举失败而未曾担任英国首相，到 2007 年布莱尔离任时，又有威廉·黑格、邓肯·史密斯[②]和迈克尔·霍华德三位保守党领袖获得这令人不快的“殊荣”。

布莱尔取得了了不起的选举成就，但给英国政治带来的影响却不好评价。布莱尔认为自己不讲意识形态，既不属于传统工党也不属于保守派，超越了“几十年来撕裂我们国家的激烈的左右之争”，但关心英国政治的人士普遍认为，其核心政策并不来自左

---

① 杰克·斯特劳（Jack Straw，1946—），英国工党政治家，1997 年至 2001 年任内政大臣，2001 至 2006 年任外交大臣。

② 邓肯·史密斯（Duncan Smith，1954—），英国政治人物，1992 年起任议会下院保守党议员，2001 年至 2003 年任保守党领袖。

翼。《观察家报》1996年不无遗憾地说:“左右之争只是幌子,意义不大,新工党已急剧右转,有冲出左右之间中央地带的危险”,“他们解释说,艰难抉择和强硬政策在所难免,但抉择和政策总是向右挪动。”

布莱尔任首相后加速右倾,挤压到保守党原有空间,号称爱国、代表繁荣、对外刻薄的托利党在各条战线都穷于应付。威廉·黑格称:“英国政治出现一个全新现象,一个政党为了当选愿意说任何话,甚至许多方面说保守党的语言。”黑格这样说,并没有考虑到在布莱尔之前保守党人也这样做。正如迪斯雷利曾经描述皮尔如何抓到辉格党人洗澡并拿走他们的衣服一样,现在托利党人看到自己被同样残酷地戏耍。约翰·梅杰说,“你去海里游泳,回来时,一个男人拿走你的衣服并穿在身上,他看起来像你,说话像你,他拿走了你的身份。但如果他是你,你又是谁?”

工党和保守党越来越不容易区分。在移民和种族问题上,工党领导人与撒切尔和鲍威尔一个论调,称避难者“淹没”了英国学校,还谴责穆斯林面纱是“分离主义标志”,这让右翼小报十分高兴。布莱尔说:“宽容是英国的传统,到英国来的人要学会宽容,否则就不要来。”在财政问题上,《泰晤士报》赞赏布莱尔将“撒切尔主义手段与社会民主主义目标”相结合,希望其读者继续投票给工党,因为该党“吸收了撒切尔主义的很多要素”。布莱尔1998年开始让大学生缴学费的事实,更是让许多右翼人士赞扬他比撒切尔还撒切尔。2001年,布莱尔宣称《泰晤士报》《太阳报》《快报》《镜报》和它们的周日版报以及《卫报》《观察家报》等都支持他,这代表71%的报纸发行量,20世纪30年代以来,媒体对政府的支持度从未如此之高。

布莱尔倒向了撒切尔主义。当初人们对布莱尔在海曼岛虎穴与默多克达成默契感到担心是有道理的。新工党设计师之一、布莱尔的高参彼得·曼德尔森 1998 年说“我们非常乐见人们致富甚至暴富”，三年后又表态：“我们现在都是撒切尔主义者。”但左派还是有值得庆祝的事：保守党下台了；工资上涨，贫困率下降（先不考虑不平等程度）；设立最低工资，提高了最底层民众的收入；开设了数百所新学校和医院；达成贝尔法斯特协议，确保北爱尔兰实现长久和平；向威尔士、苏格兰和北爱尔兰下放权力，这表明，维持联合王国的团结有路可走。

2003 年，布莱尔追随美国入侵伊拉克是致命错误，也加剧了左翼的幻灭和疏离。布莱尔致信美国右翼共和党总统乔治·布什说：“不管怎样，我都会和你在一起”，毫不在乎自己国民的感受。伊拉克战争，以及同样糟糕的入侵阿富汗战争，将布莱尔和英国与 50 多万人死亡直接相关联。他对美国的盲从是其劣根性的一种反映：花言巧语、具有传教士般狂热和破坏性、喜欢同掌权而不关心善恶者交朋友。默多克是侵略战争的另一鼓吹者，还就此同布莱尔保持密切联系。默多克公开表示：“这么说吧，这场战争对世界经济最大的好处，是每桶石油将降至 20 美元”，“这比任何减税的好处都大。”默多克旗下全部 175 家报纸，同他自己和他的至少三位总统或首相（英国、美国和澳大利亚的），一道为侵略而欢呼，而默竟声称不干涉自己报纸编辑的自由裁量权！

对英国左派，这意味进入一个新阶段，之前经历了无数次选举挫败，如今却在遭受精神折磨——这个广受热爱，代表英国激进进步力量，推动建立国民医疗服务体系、福利国家制度和主张平等权利的政党，却将一个保守主义战争贩子推上了台。约翰·兰彻斯特[①]在2004年的《伦敦书评》中大声质问："这还是工党政府吗？这就是我们在保守党执政18年后所盼来的？战争、学费、居家软禁；暂停人身保护令；引入身份证制度；全盘追随美国的外交政策；称难民"淹没"了公共服务；操控并利用人们的恐惧心理。到底发生了什么？"

对兰彻斯特等很多人来说，新工党走到了工党所主张和追求的对立面。但这样说对布莱尔不完全公平。兰彻斯特列出的"中间偏左、社会自由主义、反威权主义、反美、和平主义、反大企业、热衷为穷人谋福利、支持国有化"等宗旨和追求，只是工党纲领的一个方面。更广泛、现实地考察工党执政及在野的历史，我们就知道，布莱尔时期发生的右倾和背叛，并不是许多人以为的反常现象。他的选举成就史无先例，但对保守主义秩序的尊重，工党史上早有先例。自1900年成立以来，工党内部激进主义与固有的保守主义倾向一直在相互较量，工党的出现既给托利党国带来威胁，也是托利党国自身演化的产物。

英国近代未发生革命，统治阶级未被改造，王室还颇受欢迎，这不是左派眼里的理想样态。19世纪时，卡尔·马克思认为，早期发生的工业化使英国工人革命时机比其他国家都要成熟。他在1854年说："构成现代社会两大阶级之间的斗争，在英国比其他

① 约翰·兰彻斯特（John Lanchester，1962— ），英国记者和作家，曾任企鹅出版集团总编辑，《伦敦书评》（*London Review of Books*）编辑之一。

国家都要更加明显和尖锐，规模也更大。”每五人中有四人属工人阶级，英国是“工人‘革命’最重要的国家”。

但预言中的革命并未到来，部分原因正是马克思提到会触发革命的因素。英国早期和快速工业化确曾产生世界上最庞大的工人阶级队伍，未料这对旧统治阶级也是一种福音，革命“史无前例”意味着工人们无先例可循，没有外部经验或蓝图可以借鉴，无从得到精神激励。佩里·安德森①称之为“第一代无产阶级的悲剧”，英国工人阶级“从战术、战略、组织和价值观等所有方面，都要从零开始”。马克思和恩格斯在英国经验的基础上创立了反对资本主义的思想和实践，但未早到能够及时塑造英国工人的阶级意识。

这一悲剧直接影响到工党。世界上最大的工人阶级队伍，比较晚才组建代表自身利益的全国性政治力量，1900 年成立英国“劳工代表委员会”，1906 年更名为英国工党。此前，德国社会民主党 1863 年成立，法国工人党（由马克思女婿建立的社会主义组织）1880 年成立，瑞典社会民主党 1889 年成立，意大利社会党 1892 年成立。

这些左翼政党的党名不同也说明一些问题。社会民主党或社会党提出了替代性社会愿景；“工人党”表明一种集体身份；“劳工代表委员会”的意蕴则更温和。工党作为一个压力集团而诞生，目的是提高议会中工人的代表性，帮助工会斗争，向老板争取更高的工资和更好的工作条件。

工党名中有意没有采用“社会主义的”或“社会民主主义的”

① 参见第三章注释。

等字眼。英国人讲求实际，通常轻视理论和主义这些“舶来品”。1893 年，小的激进组织“独立工党”（Independent Labour Party，ILP）成立，激进工会主义者本·蒂莱特对该组织的成立解释说，“我宁愿选择踏实、渐进、注重实际斗争的英国工联主义，也不稀罕欧洲大陆革命家的鲁莽行动和思想宣传。”“独立工党”创始主席、后来工党首任议会领袖基尔·哈代[1]称，“赢得选举，不是靠大讲社会主义，而是你所代表的政党能否被没有多少理论水平的普通人理解、认可的问题。”独立工党后来被吸收进工党之中。

在工党这个“大教会”中，哈代和独立工党属于最激进的派系。哈代 1856 年出生于苏格兰，是农场仆人的私生子，8 岁生日时开始打杂跑腿，11 岁开始下矿劳动。哈代是托利党国残酷剥削底层人民活生生的例子。他和许多人一样经常一周工作 6 天，周六还需额外倒班，这在其他地方非常罕见，以至于法国人和西班牙人将这种工作时间表称为“英国周”。1850 年英国才立法规定，工厂周六最晚下午 2 点结束工作，因而有了足球比赛于下午 3 点开始的传统。哈代在教堂学到公共演讲才能，23 岁已成长为工会领袖，1892 年以埃塞克斯郡无党派人士身份当选议会议员。

哈代进入了统治阶级巢穴，但心底并没有减轻对统治阶级的敌视。他看到，他的同志和前任们在议会政治的喧嚣浮华中逐渐失去激进立场，1887 年他感叹说：“说实话，工人议员在议会中并不成功。他通常不敢表现得极端，怕违反礼节，渴望被看作绅

① 基尔·哈代（Keir Hardie，1856—1915），英国工党创建的关键人物，出生于苏格兰，10 岁起在煤矿工作，后长期从事工会工作并领导罢工，数次当选议会下院议员，1906 年至 1908 年担任首位工党领袖。

士，符合‘世界最高端俱乐部’一员的标准。”哈代决心不再犯同样的错误，刻意穿灰色毛纺西装同时戴一顶帽子，以示自己特立独行；坚决主张实行共和制，在议会发言中猛烈抨击君主制，震惊了托利党议员；全力支持罢工权利和给予妇女普选权，并积极倡导采取实际行动。

当时工党内部，除了工会、哈代为首的激进派之外，还有第三派力量，就是影响最大、最为持久的费边社。费边社 1884 年成立后，由悉尼·韦伯、比阿特丽斯·韦伯[①]和萧伯纳领导，其主旨是“重建向最高道德水准看齐的社会”。他们计划对社会进行智识方面的变革，包括改造思想、提高生活水平、消除贫困和加强政府治理能力。费边之名来自古罗马军事将领法比乌斯·康克泰特[②]，他又称“拖延者”，之所以有名，是因为采用避免面对面作战、攻击敌人补给线、用长期消耗战耗尽对手的办法，最终战胜了强大的汉尼拔军队。费边社也拟采取同样做法，在不发生直接冲突的情况下实现政治改造目的，关键词是“渗透”和“渐进的必然性”，即向工党等各主要政党灌输自己的思想，坚信宇宙发展的方向是正义、平等和专业知识。最初，费边社认为保守党和自由党可以接受他们的思想，的确他们有一些共同点，如都认为国家机构应该保持中立，都不信任工会及其采取的罢工等行为，都对工人抱有居高临下的态度，比阿特丽斯·韦伯认为工人“愚蠢，

① 悉尼·韦伯（Sidney Webb，1859—1947），英国工会活动家、经济学家和改良主义者。在 1884 年费边社在伦敦成立后不久，他经萧伯纳介绍入社，成为其主要理论家和领导成员之一，后曾担任政府大臣职务。与比阿特丽斯·韦伯是夫妇，比阿特丽斯参见引言注释。

② 法比乌斯·康克泰特英文名为 Fabius Cunctator，费边社英文名是 Fabian Society.

大部分都愚蠢而嗜酒，除赛马赔率外对其他一概不感兴趣”。同他们谈论革命没多大意义。上述观点对工党未来发展影响深远。

悉尼·韦伯于一战期间1915年加入工党，1918年协助起草工党新党章。该文件内容激进，其中著名的第四条提出“生产资料及分配和交换手段公共所有”。战争的极度破坏性让工党大胆推动国家对经济进行高度干预，推动提高劳动男女地位。1918年通过的《人民代表法案》让21岁以上男性和30岁以上女性获得投票权。工党首次提出自己是“全民党”和“代表未来的政党”，不仅致力于维护工人阶级利益，也代表“所有不满旧政党的人”的利益。

1924年工党首次上台执政，这比党内人士能够想到的和希望的都要早得多。当时背景情况比较特殊，1923年12月大选，工党成为悬浮议会中拥有191个席位的第二大党，比保守党少67席，当保守党无法完成组建政府任务时，工党受邀组阁。许多工党人士心存疑虑，认为在没有议会绝对多数的情况下执政将很困难，甚至是不可能的，会导致自我毁灭。但悉尼·韦伯警告说：“如果给你提供了组建政府的机会，你却断然拒绝，不愿担负责任，公众会对你有看法，你自身发展会受到灾难性影响。”其他人让步了，工党入主唐宁街。

工党当时的领袖是拉姆齐·麦克唐纳①，一个工人阶级出身、

---

① 拉姆齐·麦克唐纳（Ramsay MacDonald，1866—1937），英国政治家，工党出身，1924年1月至11月、1929年6月至1935年6月两度出任首相，1931年8月后与保守党、自由党合组国民政府，并另组国民工党，从而与工党决裂。

信奉自由主义的前费边社成员。他在1894年希望以自由党身份竞选议员，遭到拒绝。麦克唐纳对英国体制高度信任，认为没有必要采取罢工、示威等对抗行动，还强调说，“劳资之间必须合作而不是冲突”，“我们的武器是投票箱和议会法案”。

1924年1月，麦克唐纳成为英国第一位工党首相。在英国，仅仅提到“社会主义政府”就足以让许多人感到恐惧，但工党席位不多且由麦克唐纳这样的温和人物领导，这让旧统治阶级放心，相信工党政府不会带来大的危险。许多建制派人物认为这也是一个让工党在受控条件下领导国家、了解托利党国运作方式的机会。保守党领袖斯坦利·鲍德温就是其中之一，他在1924年7月解释说，“我知道自己因对待工党太温和而广受批评，我是有意这样做的，因为这对国家是一件好事，那么多公民加入和支持工党，他们应该亲身体验，管理一个像我们这样庞大的帝国，是一项多么光荣重大的责任。”

鲍德温居高临下的语气道出了托利党人持久的优越感和主人翁感，他们才是英国政治的监护人，让工党执政，就像一位仁慈的父亲让自己的孩子驾驶自家汽车一样，内心都知道这是谁的车，如果孩子犯错或做了任何不守规矩的事，父亲总可以收回汽车控制权。《泰晤士报》编辑杰弗里·道森私下让罗伯特·塞西尔勋爵[①]放心，说麦克唐纳“只能获得一些管理经验，翅膀是被剪了的”。自由党领袖阿斯奎斯持同样态度：“如果英国要试试让工党

① 罗伯特·塞西尔勋爵（Lord Robert Cecil，1864—1958），英国律师、政治家、外交官，索尔兹伯里首相之子，曾参与构建国联，并因此于1937年获得诺贝尔和平奖。

执政，没有比当下更安全的条件了。”这些人表面冠冕堂皇，底下却各有私利。自由党希望借麦克唐纳初次进入政府加剧工党内部分歧，从而让自由党获利；保守党希望工党壮大以便分流自由党的选票。

麦克唐纳没有让他的主人失望，将遵从传统置于激进变革之上，让旧的社会秩序毫发无损。麦克唐纳就职首相时，身着金色镶边燕尾服、及膝马裤和佩剑等统治阶级行头服饰，到白金汉宫向国王宣誓，那一刻真是戏剧性的反高潮。他的内阁包含出身贵族的前托利党人和前自由党人等若干旧统治阶级人士。麦克唐纳费边社同仁比阿特丽斯·韦伯也感叹，内阁成员中有“太多贵族”，“奇怪的是，麦克唐纳不喜欢工人等平民，而是选择具有统治阶级和贵族行为举止的律师或高官，作为他的亲密伙伴一同执政”。

即便麦克唐纳努力延续传统、不谋求变革，托利党国仍难以容忍工党长期执政。九个月后，曾支持工党上台的保守党从旁煽动，产生了许多耸人听闻的故事，称工党同情“共产主义”或“苏联”。压力之下，麦克唐纳被迫解散议会，重新举行选举。在竞选活动中保守党祭出关键一招，就是有名的“季诺维也夫来信”[①]，称工党是国际共产主义集团的一部分。前文已说过，这封信是由保守党总部、外交部和《每日邮报》编造出来的。选举结果是保守党以412票对工党151票取得压倒性大胜。麦克唐纳理所当然地感到自己是阴谋受害者，说：“最让人可疑的是，在外交部拿出那封信的同时，某家报纸和保守党协会总部似乎还有信件副

① 参见第六章内容。

本，如果真是这样，我不下结论，但没法不怀疑整个事件就是一个政治阴谋。”

“季诺维也夫来信”给第一届工党政府画上了句号，还展示了一种今后经常出现的模式：工党政府开始时声称要推进激进主义议程，后来的行动却表明，他们关心成为建制派胜过关心激进政策，最终却因自己声称但未落实的激进政策遭到问责。麦克唐纳继续担任工党领袖，目睹了建制派的黑魔法，仍对英国政体深信不疑。党内也仍然相信悉尼·韦伯 1923 年提出并反复强调的“渐进的必然性”，并认为最终的胜利属于工党。

1929 年工党获 287 个席位，成为议会第一大党，虽未达独立组阁所需半数，但成功地组建了联合政府。工党议席增多本可能让其第二次掌权更能放开手脚，结果却比第一次还短命无力。

现实事态对工党很不友好。执政几个月后，华尔街于 1929 年秋天崩盘，将全球经济拖入危机。英国 1930 年 1 月至 12 月，失业人数从 150 万增至 270 万，几乎翻了一番，失业救济金支出从 1928 年的 1200 万英镑增至 1931 年的 1.2 亿英镑，增长 10 倍（失业救济金制度于 1911 年由自由党推动建立）。包括保守党、自由党、金融城和媒体在内的老建制派，联合起来要求工党严控财政支出。工党不掌握议会多数，麦克唐纳首相选择有限，要么被迫实行削减福利支出和降低工资政策，让穷人和失业者为危机买单从而失去本党支持，要么在失去其他党支持后垮台。麦克唐纳在国王乔治五世和保守党人的劝诱下，令人震惊地选择了背叛工党，重新组建了一个以保守党议员为主的“国民政府”，只保留三名原工党内阁成员。英国第一位工党首相几乎一夜之间变成了准保守党人。

国王在说服工党领袖倒戈方面起了决定性作用。国王的私人秘书在一份备忘录中写道，“国王陛下希望首相和仍忠于他的同事帮助组建一个‘国民政府’，确信这个政府会得到保守党和自由党的支持”，“国王向首相保证，如果值此危机时刻能继续留任而不是选择退出，其地位和声望将会得到极大提高。”谁会拒绝这样的请求？麦克唐纳当然不会，而是欣然接受，其建制派身份得到强化，工党左派却不知所措。麦克唐纳作出决定后，据称开玩笑地说：“明天伦敦每个公爵夫人都想吻我。”

这是托利党国擅长吸收和同化异己力量的最佳例证之一。像过去一样，要给新的权力角逐者设定进入政坛的条件，大大降低其危险性，在声称追求变革的同时，不能真正改变现行制度。工党执政受到密切监督，根本威胁不到英国权力真正的看门人，反而让其可以吹嘘自己思想开明包容，其实他们也未向工党打开真正的权力之门。1931 年 10 月的又一次大选中，工党支持度暴跌，所获议席从 287 席跌至 52 席，保守党则从 260 席增至 470 席。拉姆齐・麦克唐纳，作为第一场政治阴谋的不幸受害者，积极参与了第二场政治阴谋，在接下来的四年里继续担任首相。保守党通过“国民政府”，在二战前十年实际掌权。

就像一战时一样，由于二战的残酷与创伤，工党事业获得新活力。二战给英国政治带来的改变比一战要大得多。工党和“工会大会”代表被吸纳进入中央团结政府，能够更加正当合理地参政议政。战争要求国人聚沙成塔，形成巨大合力，让人们努力缩小社会分歧和不平等。高税收减少了收入不平等，人民团结精神日益增强，空袭让人们共享防空洞，共同担惊受怕，从城市疏散到农村，从情感到外在都紧密联系在一起。1940年美国记者詹姆斯·莱斯顿在写给《纽约时报》的电讯稿中说：“希特勒正在做英国几个世纪都没有完成的事情——瓦解英国的阶级结构。”

莱斯顿的话当然有些夸张，闪电战并没有摧毁英国的阶级不平等，但英国自身，以及人们对自由和公平的看法的确发生了变化。1940年7月1日的《泰晤士报》都称，英国需要重订社会契约，表示“如果我们谈论民主，不能仅指维护投票权，却忘记了工作权和生存权”，“如果我们谈论平等，不能仅谈政治平等，而不涉及社会和经济特权，不改变后者，政治平等就是空壳……新秩序不能建立在保留特权的基础上，无论这种特权是国家的、阶级的还是个人的”。

战争过程中，国民集体诉求之力不断得到增强。1941年6月，政府委托自由派经济学家、政治家威廉·贝弗里奇[①]带领一队公务员，处理工会关于申领福利复杂困难的投诉并提出改进建议。贝弗里奇原未打算大力改革福利系统，但深入调查后改变初衷，提出建立一个由政府财政支持、覆盖广泛的福利国家体系，包括人人可得的免费健康服务，以及某种程度的财富再分配。报告称：“政府追求的目标，不论是在和平还是战争时期，不是统治者的荣耀或民族光荣，而是普通人的幸福。”这是对国民情绪的恰当反应。

① 威廉·贝弗里奇（William Beveridge，1879—1963），英国经济学家，福利国家理论构建者之一。他是自由主义者，主张市场经济，也深刻受到费边社提倡的社会主义影响。

大多数保守党人反对财富再分配的主张，他们想压下《贝弗里奇报告》，丘吉尔首相企图不让报告出版，财政部要求他减小所提改革的力度，公务员被阻止签署该文件。但贝弗里奇还是让报告在 1942 年公之于众，政府鲜有宣传，报告却得到热烈反响，一本 300 页的政府出版物前所未有地在本国售出 50 多万册，在美国还售出 5 万册，蜚声海外。贝弗里奇出乎意料地成为名人，走到哪里媒体都持续热烈地报道、拍照。《每日镜报》兴奋地称福利体系人人有份："不论你是公爵还是清洁工，有付出就有回报。"

《贝弗里奇报告》受到热烈欢迎还反映出另一个席卷社会、利于工党的新变化，即出现更多进步媒体。1940 年 2 月实行的纸张配给制，让大多数报纸版面缩减一半，生产成本降低，也迫使广告商更均匀地在各报间找寻可能的广告空间，促进了整个行业的快速发展，《每日镜报》是最大受益者之一。该报战前已经左倾，随着战争推进，立场愈发激进。1945 年《每日镜报》日发行量达 240 万份并有望继续增长，而 10 年前只有 70 万份。其他支持自由党和工党的报纸发行量也大幅增加。

到战争结束时，支持工党的报纸占 35%，支持保守党的占 52%，而 1924 年的数据对比是 5% 对 75%，发生了巨变。1945 年 7 月大选前，工党处境前所未有地好，英国历史上左派从未在如此平等条件下同右派展开竞争。

这些有利因素结合在一起，推动工党 1945 年 7 月 5 日获得大胜，赢得 47% 的选票和 393 个议席，而保守党得到 213 个议席，是 1906 年以来输得最惨的一次。保守党议会督导詹姆斯・斯图亚特谈到选举结果时说，“我现在与其说感到沮丧，不如说从一个完全陌生的世界醒来，感到茫然无措”，“觉得内脏已经被掏空”。连工党政治家都不相信结果，资深议员詹姆斯·艾德回忆说，“害怕一觉醒来后发现这是一场梦”。工党战后财政大臣休·道尔顿[①]（也是一名老伊顿人）描述当时党内情绪是“欣喜若狂、春风得意，感到命运在眷顾，充满希望和信心，决心要大干一场”。

工党从过去组建政府的经历中明白，只有本党在议会中掌握半数以上席位，才能实现自己的抱负。现在机会来了，他们会浪费吗？放在历史上看，工党首个多数党政府的改革成功超过其他任何政府，福利按《贝弗里奇报告》的建议大幅扩大，新建了100多万套房屋，将关键国计民生行业国有化，工人阶级政治家权力前所未有，国民医疗服务体系（NHS）1948年正式推行，福利国家制度永久地改变了英国社会，成为国家支柱之一，这是工党的功劳。现在轮到保守党去适应和调整。

NHS体现了人人平等原则，也是工党激进改革的核心主张，即无论贫富，每个人都应不受歧视或偏袒地享有国家提供的医疗服务。这既保证服务达到必要水准，也消除了人们的耻辱心里，以前当人们“不太幸运”或“需要帮助”时，求助于政府会被人瞧不起，现在作为社会主义社会的公民，接受政府帮助不仅不会感到耻辱反而会感到自豪。

卫生大臣安奈林·贝文[②]与其他工党领导人一道，经过与托

---

① 休·道尔顿（Hugh Dalton，1887—1962），英国工党政治家、经济学家，曾在丘吉尔战时内阁任职，1945—1947年任财政大臣。

② 安奈林·贝文（Anuerin Bevan，1897—1960），英国工党政治家，1945—1951年任卫生大臣，1951年因政府将福利经费分配用于重整军备而辞职。

利党和英国医学协会的激烈斗争，让NHS成为现实。他为此做出奉献，与其个人经历密切相关。出身工人阶级的贝文是威尔士工会成员，自幼在贫困中长大，父亲因长期在煤矿工作患上矽肺病，但1942年以前该病未被正式认定为一种职业病，因此无法根据《工人赔偿法》获得医疗赔偿。其父经历的痛苦，让贝文终生难忘，他1948年表示，"托利党给我带来深深的痛苦，让数百万好人陷入半饥饿状态，对我来说他们比蠕虫还不如。任何道德说辞或外在好处，都难以消除我内心对该党的强烈恨意。"

除贝文不遵守绅士传统攻击托利党国外，工党领袖克莱门特·艾德礼也加入其中，对保守党自称为"全民党"进行了嘲笑："你只要浏览一下保守党议会下院议员名单和该党安全选区候选人名单，就会发现他们只属于两个阶层：原有的权贵阶层和新崛起的富人阶层，几乎没有任何来自工薪阶层的人。"保守党代表少数人利益，却假装自己代表大多数人。工党称，托利党是社会部分利益的代表，既不爱国也"不英国"。这一说法被当时英国发行量最大的报纸《每日镜报》传播后，渐入人心，保守党手足无措。丘吉尔幽怨地说："看来这些杂种能够为所欲为。"

尽管贝文和艾德礼向对手发起攻击和嘲讽，1945年时的工党政府仍未完全背离托利党国大框架。丹尼斯·希利[①]在回忆录中写到，艾德礼本人毕业于有浓厚英帝国传统的海利伯里精英寄宿学校，"偏爱该校毕业生"，并于1946年访问母校，向校方保证不会

① 丹尼斯·希利（Denis Healey，1917—2015），工党政治家，1952—1992年任议会下院议员，在工党政府中先后担任国防大臣和财政大臣等。

利用职权改革精英私校体系。《纽约时报》报道其在该校演讲时写道：“艾德礼认为精英私校作为英国一项光荣的传统制度，没有理由消亡，而是应继续下去，延续以往辉煌。”

同样，工党也未触动贵族院，该院保守党议员同意不阻挠工党重要法案通过，实际换取了该院的生存权利；艾德礼继续全力支持王室；选举改革方面，1948 年取消了有房者、地主和大学生的两次投票权，最终实现了一人一票，但改革并不彻底。工党因享受到“票数第一者胜”红利，仅凭 47% 的选票就赢得 61% 的席位，对比例代表制的兴趣已荡然无存，不想再推动相关改革。工党甚至重新划分选区让利保守党。其领导层似乎以为，不管细节如何，未来大方向仍利于工党。一位工党议员骄傲自大地在下院宣称：“我们不仅是当下的主人，而且未来很长一段时间，也将是主人。”

工党未能使古老的政治制度现代化，为其后来倒台埋下伏笔。工党首次完成五年任期后参加 1950 年大选，所获席位从超出其他各党 146 席的多数降到仅享有五席多数。这次大选过后 18 个月，由于王室的政治干预，1951 年 10 月又举行了新的大选。随着冷战深入，工党内部分歧日显，微弱多数的工党政府极不稳定，国王乔治六世对此表示担忧，在开启为期六个月访非之旅前夕告诉艾德礼首相，希望在出访前能看到提前选举解决上述问题，艾听从了这一意见。

1951 年 10 月大选，工党赢得最多数量的选票，也超过英国历史上任何一个政党得到的选票数，保守党选票数不及工党，但席位数却多于工党，成为执政党。[①] 艾德礼划分选区的改革部分地帮助了保守党。工党一些资深人士非但没有哀叹民主的失败，或批评选举制度缺陷导致荒诞结果，反而沾沾自喜于历史新高的得票率，并认为很快能重新掌权，在不确定的当下，在野一段时间反而有好处。休·道尔顿私下写道："选举结果不赖，我们下台正是时候。"

这种自满充斥工党历史，却非常不合时宜。接下来 13 年保守党连续三次赢得大选执政，工党再没有回到 1945 年的巅峰状态，那本应是英国左翼事业的起点，结果却成了高潮，一去而不返。1951 年至 1979 年，工党偶尔上台，执政 11 年的政绩还不如二战后第一个工党 5 年任期。

工党表现为何如此差劲？工党不是不能赢得选举，但执政后就偃旗息鼓，这令人困惑不解。领袖麦克唐纳曾表示，一旦工党进入政府，就会推进激进改革。事实却与此相反，作为另一主要政党，工党的抱负随时间流逝而日渐消磨，被曾渴望推翻的现状所同化。到底是因为相信"渐进的必然性"，还是因为害怕和顺从，抑或由于该党认同现行的体制意识形态，这值得研究。多数时候，工党对充当保守党的陪衬，出任乔治·奥威尔谑称的"永久的反对党"，并无太大意见。

当然不应低估那些联合起来反对工党的力量。佩里·安德森 1964 年写道："当保守党执政时，它是一个连续地貌的组成部分，

① 此次大选工党赢得 13，948，385 张选票，得票率为 48.8%，但保守党在议会拥有 17 席的多数。

与周围的地形地貌平滑自然地衔接，毫不突兀”，“当工党上台时，它是一个孤立的、点状闪动的飞地，四周几乎都是敌对领土，还不断受到经济界、媒体和被操控的‘民意’的炮轰”。之后戴维·伊格尔顿[①]更直接地表达类似观点，他说，20世纪“工党面对强大的政治力量，或顺从或在野，偶尔上台执政，自由党和保守党通过自身或与其结盟的工业、军事、金融和文官等力量，始终在掌权”。放到21世纪这种说法也是对的。

另外工党还常自毁长城。麦克唐纳近乎妥协地说，推行政治体制改革是跑偏和干扰，会带来麻烦而不是益处，工党竟倾向于认同这一立场。花了近一个世纪时间，工党才推动贵族院改革，改革既没有使上院民主化，也没有完全取消世袭席位，更不用说废除上院了，这表明工党在改革问题上基本同托利愿景休兵。总的来说，工党政客似更热衷于从现行体制中得到好处而不是将其民主化，如获王室之邀参加活动、得到贵族头衔或受拔擢进入议会上院等。

的确，托利党的各种优势让工党处境艰难。出于“爱国主义”，工党被迫效忠同统治阶级和国民特性密切交织的制度和习俗，如贵族院、君主制、英帝国、常识崇拜、斯多葛主义等，这些又会强化看重传统、抵制变化和新思想的托利愿景。工党要么接受甚至捍卫这些托利制度和习俗，要么顶着不爱国的指责寻求改革，以实现左翼的长远目标和理想。尽管多少有些不情愿，工党通常选择前者，因为这是阻力最小的一条道路。

这种困境下，保守派或自由派轻车熟路地攻击工党中的左派

---

① 参见第三章注释。

不爱国，左派却不好辩白。一方面，左翼社会主义思想中的国际主义，让工党左派对民族自豪感不太感冒，各国工人团结理应超越国界。另一方面，英国历史发展让左翼不知道该庆祝什么，近现代未发生革命，托利党主导政治，对外推行帝国主义政策。社会主义者乔治·奥威尔曾经写道，“英国可能是唯一一个知识分子以自己国籍为耻的伟大国家”，“在左翼圈子里，人们总觉得做英国人有点不光彩，抓住机会嘲讽英国的每项制度和习俗，包括从赛马到牛油布丁。”历史学家休·坎宁安[1]甚至说：“在帝国主义时代，左翼难以阐释爱国主义；这一话语权只能转给右翼，右翼当仁不让地充分加以利用。”

当然我们不应忽略另外一种叙事。历史学家 E.P．汤普森[2]在 1963 年出版的经典著作《英国工人阶级的形成》中指出，英国有丰富的激进主义历史，包括工人阶级的斗争胜利，争取共和制的抗争，不顺从主流的传统，出现革命之窗甚至是革命成功之窗，革命可能让统治阶级提心吊胆，等等。这种叙事不仅是感慨错失了机会，怀念过去的斗争，也是在提醒人们，激进主义对英国发展带来积极影响。

上述历史对左翼至关重要，托利党人却将其置于边缘化地位，要确保，英国一贯和平稳定、拥有最明智善良的统治阶级这样童话般的叙事成为主流。所以，保守党人自始至终将工党及其纲领描绘得与英国利益和特性格格不入，好像工党是历史上的外来闯

---

① 休·坎宁安（Hugh Cunningham，1942—），英国人文历史学家，研究民族主义、人类学等。

② E.P．汤普森（E.P.Thompson，1924-1993），英国历史学家、作家、社会主义者和和平活动家，他关于劳工史和社会史的研究具有全球影响力。

入者。内维尔·张伯伦呼吁保守党注意区分“稳健、爱国、保守的工会主义者”与“持有外来的、国际主义、反英观点的社会主义空想家”的不同。一位保守党人1946年在一次会议上称，“自由主义和保守主义都是从英国人民的生活和经历中产生的”，“而社会主义并非植根于英国土壤，就像太妃糖衣苹果并非长自圣诞树一样。”同时，他们还用外来语如“知识分子”（intelligentsia）、“文人”（literati）和“布尔乔亚”（bourgeoi）[①]这样的词，以及拼凑出来“香槟社会主义者”（champagne socialists）、[②]“布林格布尔什维克”（Bollinger Bolsheviks）、[③]“觉醒主义者”（wokerati）[④]“科尔宾支持者”（Corbynistas）等词，来形容和侮辱新旧左翼人士。这些词汇容易让人产生左翼人士与外国有关的联想，英语本身已找不出词汇来形容英国左翼这一特殊人群了。

1945年，在二战中受过伤的艾德礼具有纠正左派不爱国论调的条件，其爱国精神不容置疑。但工党领导人发现，给自己辩护吃力不讨好，为证明自己爱国，不得不拿出相称的表现，接受无穷无尽的检验，结果导致一步步走上保守主义道路，并给党带来分裂。

这在移民问题上表现得最为明显。对左翼来说，是资本主义而不是移民造成了低工资问题，该怪罪的是贪婪的老板而不是外

---

① intelligentsia、bourgeoi源自法语，literati本是拉丁语。

② 香槟社会主义者，形容那些在宣传中持左派价值观、同时享受奢侈生活的人士。

③ Bollinger也是一种香槟酒，Bollinger Bolsheviks与champagne socialists同义。

④ Woke，觉醒文化，最早针对的是种族歧视和偏见，自2010年以来，泛指对广义社会不平等、社会歧视和偏见的觉醒与反对。Wokerati显然是在woke基础上造出来的词。

国人。托利党人却说，左翼对移民友善是因为关心外国人胜过本国公民，只有保守党将英国利益放在第一位。工党如果想证明保守党是错的，就可能违背自己奉行的多元文化主义和平等原则。为了表明自己的“爱国主义”，布莱尔在私人备忘录中说拟严惩避难者来显示“强硬”，布朗呼吁“把英国工作留给英国工人”，米利班德则在宣传海报自己的头像上面打以“控制移民”字眼，可见这导致多么扭曲的行为。工党历史上就不乏类似情况。伊诺克·鲍威尔 1968 年发表煽动性演讲后，工党政府立即施行更严格的移民控制，首次禁止英联邦公民自由进入英国。时任内政大臣、即将成为首相的詹姆斯·卡拉汉宣称：“英国不想要更多黑人了。”种族问题研究者安巴拉瓦内·西瓦南丹[①]挖苦地说：“伊诺克·鲍威尔今天说什么，保守党明天就说什么，工党后天则将其立法。”

经历了 1945 年令人眩晕的高光时刻后，工党在战后几十年大部分时间里都处于被动守势。1951 年，工党政府不再将配镜和牙科保健作为 NHS 免费项目，工党出现分裂，贝文辞去卫生大臣之职。工党立场到底偏向何方成为紧迫问题。党内许多人士认为，随着社会日益富裕、更多人成为中产阶级，工党传统主张不再吃香，其实当年该党还凭这些主张赢得史上最多选票。1955 年，《经济学人》告诉工党将“基尔·哈代时代”抛诸脑后。那年接替艾德礼成为领袖的休·盖茨克尔[②]试图废除党章第四条，未能

---

① 安巴拉瓦内·西瓦南丹（Ambalavaner Sivanandan，1923—2018），斯里兰卡裔英国作家，长期研究种族问题并致力于推动英国政府善待少数族群。

② 参见第一章注释。

成功。1959 年，另一位颇具影响力的工党议员道格拉斯·杰伊呼吁工党切断与工会的联系。劳工部长安东尼·克罗斯兰称："我们现在都要学会成为中产阶级。"

媒体政治倾向多元化和进步的好日子也到头了。随着战时管制和纸张配给的结束，报纸又开始相互激烈竞争，几家左倾报纸倒闭，《每日先驱报》的际遇尤其让人扼腕。它支持工会和妇女普选权，反对殖民主义，1924 年是唯一一份质疑"季诺维也夫来信"真实性的日报，1964 年因难以盈利而以《太阳报》名义重新发行，后竟被鲁珀特·默多克收购。

《太阳报》诞生的 1964 年，工党在哈罗德·威尔逊领导下重新执政。威尔逊无疑比休·盖茨克尔激进，也是自拉姆齐·麦克唐纳以来又一位未上过精英私校的首相，同布莱尔的相似之处是，形象出众、受媒体欢迎、观念现代到嘲笑托利党为老古董。他说："我们生活在一个喷气式飞机时代，却受爱德华时代治国理念的支配。"他推动通过了一系列扩大公民权利和自由的法律，包括废除死刑、降低选举年龄至 18 岁、增加福利以及同性恋和堕胎合法化。这一时期经济持续增长，不平等持续下降。但战后政治气候参数正悄然变化。保守党支持成立了一批听起来中立，却着眼反对激进主义的智库，其中最有影响的，是 1957 年哈耶克帮助建立的反费边社组织"经济事务研究所"（Institute of Economic Affairs，IEA）和 1974 年建立的"政策研究中心"（Centre for Policy Studies，CPS）。

这些有背景的组织，与《电讯报》《泰晤士报》和《金融时报》等报纸和巴克莱集团、英国石油等跨国公司联手，竭力使集体主义时代让位于个人主义时代，并同撒切尔领导的保守党一道，将工党和二战后形成的共识扫到一边。新的共识正在形成，工党同从前的自己也渐行渐远。詹姆斯·卡拉汉 1976 年接替威尔逊任领袖及首相，1979 年大选败给撒切尔。戴维·伊格尔顿尖刻地称卡拉汉为“最后一任工党首相”。

1997 年，经过 18 年托利党统治后，布莱尔让工党在形式上重新掌权，虽然精神上工党已发生变化。他找到一个制胜公式：文化上紧跟时代，重新激发爱国主义，将公共服务私有化，放开金融，同时增加减贫财政支出。布莱尔形象地说：“一勺糖有助于咽下苦药。”《经济学人》1997 年声称支持“实质托利党人而不是自称的托利党人”，对布莱尔颇有好感，称其为“目前唯一可信的保守主义者”。保守党内跟不上时代节奏，为不算是问题的欧盟成员国身份吵闹不休，并对本党有人崇拜布莱尔感到不安。2003 年时任记者的迈克尔·戈夫在《泰晤士报》上写道：“我再也不能抑制自己的感情，我爱托尼。”

要避免被布莱尔的强势误导。深层次来看，布莱尔执政实际是一种保守主义的胜利而不是工党传统宗旨的胜利，撒切尔称布莱尔和新工党是她最大的成就；另外要看到，工党的选举胜利本身并不彻底。2001 年，选民投票率降至 59% 的创纪录低点，而自一战以来从未低于 70%。2005 年，工党在同样低的投票率下再次胜出，但丢失了 400 多万支持者，其中大多数是英格兰北部的工人阶级。布莱尔的一位高级顾问说：“他们感到无所归属，所以哪里都没有去。”

这些变化为未来工党的失败埋下了伏笔，虽然托利党复兴之势尚不明显。2010 年大选，工党得票率跌至百年来最低水平，[①] 许多工党传统支持者欢迎保守党上台。丢掉政权的工党又重拾熟悉的自我安慰：在野一段时间也有好处，让工党重组以便很快再次上台；在经济衰退的余波中，保守党和自民党联合政府不太可能成功或受欢迎。即将离任的工党财政部首席秘书，本着这种坚忍乐观精神和英式友好态度，给继任者留下一张字条，写着“亲爱的首席秘书，我恐怕没有钱留给你了”。托利党人兴奋地拿着它，指责工党挥霍无度、施政无能。

保守党踩踏着“挥霍无能”的工党开始执政，在布莱尔主义基础上宣布“紧缩新时代”到来，却没有提供助咽苦药的那一勺糖。当初布莱尔执政向“撒切尔主义”妥协，毕竟撒切尔三次胜选执政 11 年给英留下深刻烙印。现在埃德·米利班德领导工党，立场却十分软弱，急匆匆接受保守党提出的“后衰退共识”，要知道保守党并不强大，在野 13 年后通过联合自民党才勉强上台。保守党实行紧缩政策出于意识形态，却坚称是为收拾工党的烂摊子，米利班德的影阁竟未提出异议，实在令人尴尬。工党影子财政大臣埃德·鲍尔斯还高调宣布，“我的立场是，恐怕我们将不得不保持所有这些削减。”影子福利大臣蕾切尔·里夫斯 [②] 声称要比保守党“更严厉”地打击福利欺诈。

然而，工党的自我退缩没有换来任何好处。卡梅伦完成第一

---

① 此次大选工党得票率为 29.0%，保守党为 36.1%。

② 切尔·里夫斯（Rachel Reeves，1979—），英国工党下院议员，2013 年至 2015 年任影子福利大臣，2024 年大选后任财政大臣，也是第一位任财政大臣的女性。

个五年任期后，在 2015 年选举中让保守党得票率和下院席位数同时增加，他也成为做到这一点的第一位首相，五年痛苦紧缩政策竟得到意外回报。但卡梅伦的胜利付出了影响一代人的巨大代价。为了换取法拉奇领导的英国独立党（UKIP）的支持并不殃及保守党自身，卡梅伦同意就英国的欧盟成员资格进行简单的去留公投。卡知道这很危险，私下说“这样的公投可能释放未知的魔鬼”。但每个细胞都散发着典型的统治阶级无所在乎态度的卡梅伦不再回头，带领喜欢危中搏机的保守党人跳入未知深渊。全民投票日期定在 2016 年 6 月 23 日，一个新的词汇进入英国政坛——“脱欧”（BREXIT）。魔鬼被释放了。

第八章

开启脱欧让英国跃入深渊

“当一个政权掌权太久、耗尽了人民耐心、看到湮灭向自己招手，那个政权领导人只会为拯救自己而非选民利益去战斗，世界范围内大抵如此。”

——鲍里斯·约翰逊2011年《每日电讯报》撰文

“嘟，哒哒，嘟嘟。”

——戴维·卡梅伦2016年宣布辞职后轻松哼唱

“看，我同你拍照这姿势……#麻烦。”

——莉兹·特拉斯2019年在照片墙上分享同泰勒·斯威夫特自拍照的配文

杰里米·科尔宾，自 1983 年以来一直是代表伦敦伊斯灵顿北选区[①]的下院工党议员，在社会活动人士圈中备受尊重，却不受议员们的待见，2015 年前没有太大知名度。1997 年至 2010 年，在布莱尔和布朗先后领导工党政府期间，科尔宾前所未有地给自己的党投了 428 次反对票，也没人太在意。据报道，布莱尔 1996 年在一次宣介新工党主张的采访中，打趣说："大可不必担心工党被杰里米·科尔宾接管。"这句玩笑话未被采访者公开，因为当时没人知道科尔宾是谁。

然而科尔宾接管这事儿突然发生了，而且很偶然。工党 2015 年败选后重新选举领袖，科尔宾也被提名参选，其他议员都不看好他，理所当然地认为某个曾在布莱尔或布朗内阁任职的大臣将当选，科尔宾的作用不过是左派老古董，提醒人们不忘工党的社会主义渊源。当时一位工党资深人士对《旁观者》说："当党内左派看到赢的票少得可怜，头脑就会清醒。"

但古董复活了。科尔宾竞选领袖，高举坚决反对保守党紧缩政策的旗帜，所获选票比另外三名候选人加起来还要多，[②]在当代英国政党领袖选举中，以最大支持度当选为工党新领袖。对他的

---

① 英国共有 650 个选区，对应议会下院 650 个席位，伦敦有 73 个选区，伊斯灵顿北（Islington North）是其中之一，位于伦敦地区北部。2024 年大选，被工党开除的科尔宾以独立候选人身份击败工党候选人，继续当选代表该选区的议会下院议员。

② 当时工党领袖，是经一定提名程序确定若干候选人后，由所有党员和该党下属及外围群众组织成员一人一票选出。

支持者来说，这预示着英国左翼的重生。对他的批评者来说，工党遭受了第二次死亡，将来难逃选举失败的宿命。该党 220 名议员中，206 名对科投了反对票。

保守党人看到工党内部对科尔宾的矛盾态度，心中窃喜，认为科大选竞争力不强，自己主导政坛无忧。工党选领袖期间，《每日电讯报》力劝读者："去注册成为工党会员，让那个留着络腮胡、选民厌恶的社会主义者当选，使工党永世不得翻身。"其他保守党人在推特上贴出"托利党人支持科尔宾"标签鼓励投票给科。他们印象中，科尔宾不修边幅，是左派分子和素食主义者，没有牛津或剑桥的文凭，甚至没上过大学，怀有国际主义和反帝国主义思想，还反对君主制，在枢密院就职甚至不给女王下跪。[①] 这种社会主义者、明显异己分子，最适合做保守党的陪衬和完美替罪羊。科任工党领袖不久，出席下院首相质询例会时，[②] 遭到卡梅伦用校长般口吻的训斥："穿上合适的西装，系好领带，唱国歌！"这是那种写在威斯敏斯特墙上的训诫，一般很少当面说出口。

科尔宾当选工党领袖引起建制派不小震动和奇怪反应，一年后的脱欧公投引起更大震动，而工党对脱欧问题的反应也奇怪得让人吃惊。2015 年大选中，工党激烈批评卡梅伦提议公投是不负责任的行为，之后当卡确认次年举行公投后，脱欧问题在工党领袖竞选辩论中反而很少被提及。工党成员像多数英国人一样，以

① 英国枢密院是英国国王的咨询顾问机构，过去具有强大政治影响力，但现在实质性权力都由内阁和议会行使。首相、内阁大臣、反对党领袖和宗教领袖等均为枢密院成员，就职时要向国王宣誓。

② 英国首相每周一次到议会下院专门接受以反对党领袖为主的议员的质询，例会期间双方围绕相关议题激烈交锋。

为脱欧公投只是短暂偏航，不久国家就会重归正道。工党成员大多数亲欧，其他三个领袖候选人都如此，只有科尔宾疑欧，在辩论中偶被问及立场时，也没有隐瞒自己的观点。当然这不妨碍他赢得领袖选举。

工党内部不太重视脱欧问题，对公投有自己的小算盘，希望脱欧引起保守党内斗，进而走向毁灭。冲突的确如期产生，但很少按计划进行，公投没有引起工党希望的保守党内讧，也未如卡梅伦所愿，消除保守党内的疑欧心结，反而引发英国政治惊人的保守主义化。魔鬼被释放到政治舞台上，暴露出如下深刻矛盾和紧张关系：托利党国追求伟大卓越，托利党人却执着于狭隘既得利益，托利党从根本上说属于建制派，却声称代表民众而反建制。

脱欧震动和科尔宾现象结合起来，对托利党国进行了 X 射线扫描，揭示了致力于维护托利党国的意想不到的同道和盟友，他们的共同利益和潜在分歧，托利党国民主制度的脆弱及其使命宗旨的虚妄。保守党用变身、制造恐惧和分裂、以爱国主义掩盖精英利益等惯用手法获得巨大成功，但不是没有代价，我们仍生活在他们制造的混乱后果中。英国稳定不激进、重实用主义、领导人谨慎明智等这些溢美之词，现今具有了讽刺意味。

脱欧公投彻底改变了英国政治格局。据“英国选举研究”，2010 年只有不足 1% 的英国人将英国与欧盟关系作为最关心问题。但几年后，脱欧与否成为大家唯一的关心，定义着英国政治的左和右，超越党派忠诚，成为政治认同的主要方式。脱欧不仅分裂了国家，也分裂了建制派，造成了各种各样的混乱。

呼吁留欧的有，卡梅伦、财政大臣奥斯本、保守党其他高层领导人，工党大多数人士，商界领袖和工会领袖（二者罕见地联手）；为脱欧而战的是，保守党的鲍里斯·约翰逊、迈克尔·戈夫，独立党领袖奈杰尔·法拉奇，还有托利媒体、有影响的自由派智库和各种大型对冲基金和相关捐款者。

当时留欧更有可能获胜，但脱欧有一个重要优势，就是问题本身带来的诱惑。选民被问道："英国应该继续留在欧盟还是离开欧盟?"然后在"留欧"和"离欧"两个方框中选一个打钩，前者基本意味着保持现状，后者则可能意味着一些变化或很多变化甚至更好的变化：更多的公共服务资金，更大或更小的政府，更低的税收，更强或更弱的工人权利，更少的移民或更多非欧盟移民，更强的经济，更和谐的社会，回到过去，奔向未知的未来。《太阳报》称："在欧盟之外，我们能变得更加富裕、安全和自由，最终掌握自己的命运，就像美国、加拿大、澳大利亚、新西兰等许多伟大的民主国家那样。"

对托利媒体来说，欧盟成员资格一向是诸多问题的始作俑者，如对私营部门更多监管、更多移民、无视英国的伟大主权，最让人受不了的是，不受约束的欧盟立法权。所以才有默多克尖刻形象的比喻："当我走进唐宁街时，他们会照我说的去做；当我到布鲁塞尔时，却没人听我说什么。"《太阳报》公开将自己注册为竞选"离欧"的组织。《每日快报》所有者理查德·德斯蒙德[①]2014至2015年向极右翼的英国独立党捐款130万英镑。除了《泰晤士报》外，包括《星期日泰晤士报》在内的所有托利媒体都站队

① 参见第六章注释。

"离欧"。这意味着，公投前读报人中，超过 80% 的人读到的是支持脱欧的观点。

主张留欧的保守党人感到以往盟友的突生敌意和孤立环境，被虚假报道、歪曲误导、散布恐慌、猎巫迫害等恶劣手法包围，而在一年前的大选中，他们自己用同样的办法对付工党。卡梅伦的首席公关顾问回顾道："我们正面临当初埃德·米利班德面临的困境。"他们也遭遇了同米利班德一样的命运。2016 年 6 月 24 日公投结果出炉，离欧得票率 52%，留欧得票率 48%，留欧派以四个百分点之差败北。鼓动脱欧的媒体欣然揽功，时任《太阳报》主编、现为《泰晤士报》主编的托尼·加拉格尔不无得意地说："看看人们眼中衰落的印刷媒体做到了什么。"

公投出结果几小时后，混乱主要制造者卡梅伦宣布辞职，让局势更加不确定。卡梅伦常称"为工党收拾烂摊子"，却不为自己收拾。卡梅伦一直担心举行公投会刺激党内脱欧派，进而威胁自己的领导地位，公投前对一位同事说："唯一从公投中得益的人是鲍里斯·约翰逊，他显然在觊觎我的位子。"但卡梅伦辞职的速度出乎所有人预料，包括约翰逊在内。约翰逊没想到公投会赢，赢了后也没想到卡梅伦会这么快辞职。

约翰逊发现自己处于一个非常理想的点位。国家陷入混乱，但自己领导的脱欧和竞选领袖运动十分成功，已成为接替卡梅伦的最热门人选。另一个有希望的人选特蕾莎·梅支持留欧，公投前后有意保持沉默，已被约翰逊远远甩在后面。随后，约翰逊组建了他的脱欧"梦之队"，[①] 由迈克尔·戈夫担任经理，吸纳同为公

① 亦指执政团队，因为执政首要任务就是按公投结果完成脱欧进程。

投脱欧出过大力的安德里亚·利德索姆[①]加入。但约翰逊的领袖梦来得快去得也快，先是利德索姆撤回对他的支持，她不相信他的承诺，决定自己参加领袖选举。然后戈夫难以置信地做了同样的事，成为英国政治最戏剧性的个人背叛之一，也是约翰逊职业生涯中最残酷的时刻之一。戈夫本是约翰逊最亲密的盟友和支撑梦想的队友。约翰逊意识到自己的支持率不再上升，宣布退选。戈夫和利德索姆也没得到什么好处，梅最终在几乎无人反对情况下，成为英国第一位“脱欧首相”。

特蕾莎·梅是一名牧师的女儿，公立教育出身。她承诺要推行一种新的保守主义，对因脱欧引起的幻灭和怨恨有所回应，并摆脱由卡梅伦、约翰逊等人体现的统治阶级的漫不经心。梅在唐宁街第一次面向全国观众讲话时说：“我领导的政府将为你们的利益而非少数特权者的利益服务”，并迅速召见、解雇卡梅伦的财政大臣、布灵顿俱乐部[②]重要成员奥斯本。奥斯本后来回忆说：“她让我离开政府，到下面去接受教育和了解保守党。”奥转身当了《旗帜晚报》主编，并为贝莱德公司做顾问，一年工作 50 来天获得 65 万英镑报酬，的确是别开生面的托利教育。

梅将自己塑造成一个令人敬畏、有权威的领导人，兴奋地接过脱欧火炬并昭告世人：“脱欧就是脱欧”（Brexit means Brexit),

---

① 安德里亚·利德索姆（Andrea Leadsom，1963—），自 2010 年起担任议会下院保守党议员，曾任议会下院领袖和商业大臣。

② 布灵顿俱乐部，最早由牛津大学学生成立的私人男性晚餐体育俱乐部，以阶层富裕、晚宴奢侈、刻意破坏公物而闻名，21 世纪后会员仍限于名校毕业的男性政商界精英，卡梅伦、约翰逊都是其成员。

因而受到小报追捧。托利媒体从她身上看到当年的宠儿撒切尔的影子，另一位符合英格兰中产阶级心意的铁娘子。公投后，工党很多议员指责科尔宾造成这样的结果，并辞职表示对他不信任，工党被迫再次举行领袖选举，结果科尔宾以更大支持度再次当选。工党内斗衬托出梅享受的幸福蜜月，保守党在民测中领先工党 20 个百分点，她本人的支持率比以往首相都高。面对保守党的优势，工党似在崩溃边缘。

梅最初不想提前大选，但还是让其发生了。她说，英国脱欧显然需要一段不受选战干扰的稳定期，以便实现“英国人民的意愿”——她很喜欢用这个短语。但随着脱欧进程陷入僵局，拥有更大议会多数的诱人前景难以拒绝。用《每日邮报》头版的话说，是时候“粉碎脱欧破坏者”了。几个月前，《每日邮报》政治编辑詹姆斯·斯莱克成为梅的首席公关顾问。新的大选日期定在 2017 年 6 月 8 日。有人预计保守党席位将多出对手 200 来席，托利党人已急不可耐了。

梅竞选的中心议题是：你希望谁来领导英国的脱欧谈判？她的团队提出了一系列熟悉口号，让人不假思索地得出简单答案。梅能够提供强大而稳定的领导，工党科尔宾领导的政府将是混乱的大杂烩。这是被无限重复使用的、承诺实现美好前景的竞选套路。出现在横幅或公共汽车上的是“特蕾莎和她的团队”而非“保守党”这样的字眼，旨在利用梅作为一名“兢兢业业完成工作”的女性的优势，吸引那些支持英国脱欧，但对托利党怀有古老敌意的选民。

实际进展并不顺利。梅竞选第一步竟是宣布拟废除猎狐禁令，而 80% 的英国人支持这一禁令。保守党竞选宣言中还推出一项有关医护的税收，被称为“痴呆税”，很不受欢迎，梅不得已表示撤回。其受损形象一时难以修复。号称强大稳定的托利党国出现纰漏，2.0 版铁娘子预设融化在空气中。

大选产生了一个悬浮议会，保守党仍保持第一大党地位，但席位减少了 13 个；工党不仅增加了 30 个议席，还增加了 350 万张新选票，得票率从 30% 上升到 40%，这是 1945 年以来该党在两次选举间增幅最大的一次。科尔宾的支持者将这次差距微小的失利视为一场胜利，这个选民厌恶、抨击紧缩和收取学费政策及社会不平等现象的络腮胡子社会主义者，比 2005 年的布莱尔及 2010 年或 2015 年的卡梅伦得到了更多选民的支持，而他没有布莱尔和卡梅伦拥有的良好媒体关系的加持。

大吃一惊的托利党国和托利媒体，包括亲保守党的《太阳报》《每日邮报》《每日快报》《泰晤士报》及它们的周日报和《金融时报》在内，开始猛烈攻击科尔宾。据拉夫堡大学①研究，这种攻击强度前所未有。军方发布关于科尔宾执政可能的匿名简报，警告说，如果科尔宾实行“任何削弱军队或缩减军队规模的计划”，就会发生政变。一位现役将军说：“军队不会容忍科尔宾上台”，“人们会用一切可能的公平或不公平手段，阻止其发生。”工党部分成员甚至也反对本党。布莱尔建议选民考虑在某些选区投票给自民党甚至保守党。泄露出来的高官间通讯信息显示，他们积极试图挫败科尔宾，并对其成功感到沮丧。一名官员在社交平台 WhatsApp“反科尔宾工党”群组里写道：“同我过去几年努力的结果相反！”在所有报纸中，只有《每日镜报》出于左派立场坚定支

① 拉夫堡大学（Loughborough University），位于英格兰中部莱斯特郡拉夫堡。

持工党（尽管一年前还要求科尔宾辞职），《卫报》在竞选末期才表明亲工党态度。

面对这些阻挠，科尔宾无畏地前进。工党成员迅速增加到60万人左右，约为保守党员的四倍，成为欧洲最大的左翼政党，激励了一代年轻人。相比之下，受到多方掣肘的梅难以自主，仿佛被强大外力裹挟而陷入活生生的梦魇，她未能在自己党内建立起脱欧共识，何谈在议会和整个国家范围内。每周内阁都争吵纷纷，每月都有高官辞职，2019年1月，当梅将迟迟达成的英欧脱欧协议提交议会表决时，反对票超过赞成票230票，未能通过，这也是史上票差最大的否决政府提案的一例。

英政坛出现了混乱和僵持并存的奇怪局面，好像一切都在变，其实什么都没变。离欧派无法就离开条件达成一致，留欧派无法决定如何回应，相互妥协对任何一方都不可想象，要么全得、要么全失，毫无任何保守主义自诩的冷静妥协的影子。而梅同欧盟谈判时的威胁言论"没有协议胜过糟糕协议"，造成火上浇油的效果，让同欧盟发生最快、最严苛、最具破坏性的决裂成为可能。

就在这时，2019年4月，奈杰尔·法拉奇这个伦敦金融城交易员、保守派红人、英国最危险煽动家，决定成立"英国脱欧党"参加下月欧洲议会选举，并以无协议脱欧为竞选纲领。每一个靠谱的经济预测都认为无协议脱欧将搞垮英国经济，但对法拉奇来说，"能够成为让我们再次感到自豪的独立国家，是无价的"。法拉奇的新政党轻松赢得欧盟选举，而保守党在欧洲议会的英国政党中仅排名第五，成绩历史上最差。梅的时间到了，2019年5月24日她含泪宣布辞职说："我已经做了所能做的一切，很遗憾没能完成英国脱欧，这将是我永远的遗憾。”法拉奇赶走了一位保守党领袖，也知道想让谁来接任。

人们说鲍里斯·约翰逊无视“权力运作的基本规则”，事实上，约翰逊所体现的最接近英国政治中的规律：毕业于伊顿公学和牛津大学，加入保守党，成为首相。就连约翰逊表现出的不严肃性——蓬乱金发和随意风格，也有古老“托利党传统”可鉴。1911年，当博纳·劳[①]出人意料地被选为保守党领袖时，一位资深后座议员建议：“你在我们同僚中不太出名，你必须让自己受欢迎。你要做的是每天喝一瓶香槟，而且看起来是喝了。”禁酒主义者的劳没有接受这个建议，但约翰逊似乎照做了。

约翰逊年轻时立志要当“世界之王”，2001年成为下院保守党议员，同时也是《旁观者》杂志主编，党内地位快速上升。当大多数英国政治家看起来单调乏味时，约翰逊已掌握了同时拥有多重身份的艺术，能随意切换多个不同面具，给外界一种全能而有深度的印象。约翰逊的幽默感是其魅力所在。他发现，如果能让人发笑，真相就不那么重要，你的言语和行为会被忘记，名字和笑容却被留传。约翰逊自嘲式的玩笑，让他对针对政客的指责免疫，即便已明显表现出躲闪、自私和虚伪等特点。

当卡梅伦宣布举行脱欧公投时，约翰逊拖到最后一刻才决定站在哪一边。几乎可以肯定的是，他的领袖野心促使其下决心支

---

① 博纳·劳（Bonar Law，1858—1923），出生于加拿大的英国政治家，1911—1923年为保守党领袖，1922—1923年任首相，是鲍里斯·约翰逊外，唯一一位出生于海外的英国首相。

持离欧。与众不同地宣布支持脱欧、将自己置于建制派的对立面，带来前所未有的出名机会。约翰逊成功将自己塑造为英国脱欧梦的化身、脱欧派的旗手，有着不容置疑的脱欧信念。

约翰逊在2016年2月21日周日下午宣布他的决定，第二天在《每日电讯报》发表专栏文章，绕来绕去地解释其决定，称公投离欧才是目的，比实际离欧还重要，“欧盟的所有历史都表明，只有在民众说不的时候，他们才会真正倾听。”几个月后人们发现，就在约翰逊写上述文章的同一周末，他写了另一篇未发表的、解释支持留欧立场的文章，这篇后来泄露给《星期日泰晤士报》的文章这样说：“闭上你的双眼，屏住你的呼吸，想想英国和欧盟其他国家，想想未来。想想你孩子及孙辈在其他欧洲国家生活工作的愿望；在那里制造和买卖东西并发现合作伙伴。扪心自问：尽管留欧有诸多缺陷和令人失望之处，你真的希望英国退出欧盟？现在就退出？”

你几乎可以看到那个画面，在决定性的深冬二月周末，约翰逊一手拿一个面具，心里盘算着该戴哪个。他知道，这次无论选哪个，都不可能再脱下它。

到2019年夏天梅正式卸任时，脱欧进程陷入枯燥累人的官僚辩论。人们愈发意识到，无论脱欧带来什么，英国都会比以前更糟。约翰逊跃上舞台提振国民士气，发誓“把我们团结起来”，“让这个国家摆脱致命内卷。”约翰逊过去给《泰晤士报》《每日电讯报》和《旁观者》当记者，现在全力进行脱欧，媒体对其青睐有加。约翰逊顺利成为保守党领袖和新首相后，《每日邮报》头版标题是“带给我们阳光吧”，《太阳报》展示了一个挂在天空的金黄色球，里面是约翰逊的脸，周围是光线，配的说明是“约翰太阳（JOHNSUN）[1]——新首相承诺一个‘黄金时代’”。

并非所有保守党人都对约翰逊保有热情。一些人认为约翰逊厚颜无耻、浮夸欺骗、机会主义及漠视议会礼仪规范，背叛保守主义传统。上任头几个月，他就冻结议会，抨击法院，开除反对其脱欧政策的21名保守党议员，还被指控对女王撒谎。有保守党人表示，他们无法再支持一个如此鲁莽草率的政党。2019年10月，保守党议员罗里·斯图亚特[2]宣布退党，抱怨说：“不知是我离开了保守党，还是保守党离开了我。”11月1日，马修·帕里斯[3]在《泰晤士报》上哀叹“托利党已渡过了卢比孔河”,[4]说自己忠诚保守党50年，今后将转而支持自民党。

保守党十年执政造成显著的混乱与破坏，但决策者毫无内省和反思。卡梅伦实行紧缩政策效果糟糕，明显犯了教条主义错误，率先提议由全民公决解决脱欧问题，更反映出决策草率和不负责任。梅是一位道德纯粹主义者，她说自己最可耻的越轨行为是小时候在麦田里狂奔，但在国之大者问题上，要么让议会与人民意愿对立，[5]要么迎合法拉奇无协议脱欧的鲁莽做法，赤裸裸地使用民粹主义言辞。约翰逊当然与梅不同，但在决策水平上未必更加高明。

约翰逊在许多方面集保守党“优秀”传统于一身。他像皮尔

① 约翰逊英文是JOHNSON，这里太阳报用JOHNSUN代替JOHNSON，是一种明显吹捧。

② 罗里·斯图尔特，2018—2019年为保守党国务大臣，后辞职退党。

③ 马修·帕里斯，20世纪80年代为保守党议员，后成为专栏作家、评论家。

④ 渡过了卢比孔河，意指踏上不归路。

⑤ 指梅任首相期间，议会不能忠实地执行脱欧公投的结果。

一样渴望扩大该党基础，像迪斯雷利一样善变，具有贝尔福的天然优越感、博纳·劳对宪法约束的满不在乎、丘吉尔制造伟大的本事、撒切尔取悦媒体的技巧和卡梅伦的统治阶级心态。保守党人将自己视为不讲意识形态的人，约翰逊尤其如此，他唯一的指导“主义”就是自我欣赏主义。约翰逊相信自我而非某种理想，将信仰视为达成职业目标的拐杖，一旦到达目标，就可能皈依能将其带到更高目标的新信仰。只有保守党才能造出约翰逊这样的艺术品。

约翰逊 2019 年 11 月 6 日宣布一个月后举行新大选。经过三年的议会僵局和无效辩论，约翰逊决定通过大选打破僵局、“搞定脱欧”（Get Brexit Done），让国家重获自由。他利用民众沮丧、失去耐心和希望快刀斩乱麻的心理打出自己的选举牌，竞选宣言中使用“解放”一词 17 次，在一次特别竞选活动中，用写着“搞定脱欧”字样的匕首刺穿一堵聚苯乙烯砖墙。

结果保守党赢得 365 席，享有 80 席的多数，是 1987 年以来的最好战绩。工党失去 60 席，是 1935 年以来的最差成绩。虽然年轻人和老年人之间的投票差异依然明显，[①] 但保守党看到了值得夸耀的新变化：有史以来第一次，低收入群体中更多人投票给保守党而不是工党，工党传统地盘的英格兰北部许多席位首次转向保守党。约翰逊说：“我们已经改变了这个国家的政治版图。”他选择杜伦郡的塞奇菲尔德矿镇发表胜选演说，该地 1934 年以来首次转向保守党，是托尼·布莱尔 24 年议员生涯的选区。

---

① 老年人多投票给保守党，年轻人多投票给工党。

从英国历史发展轨迹来看，由曾经编辑《旁观者》的老伊顿人约翰逊以国家解放者的形象来收拾残局，再正常不过。媒体对选举结果反响热烈，称誉约翰逊是保守派英雄，将整个国家团结在一起，其名人魅力吸引了众多阶层选民。这有些夸大其词，约翰逊同两年前的梅相比，所得选票为13，966，454票对13，636，684票，得票率差距约为1%。而从2015年到2017年，即在梅当政期间，保守党选票增加250万，远大于上述差距。

是脱欧重画了英国政治版图，梅和约翰逊都没有。脱欧公投之前的四次大选平均投票率为63%，而公投投票率高达72%，许多以前不参选的人成为新选民，顺带波及最近两次大选。其中工人阶级选民增幅最大。工人阶级三分之二投票支持离欧，他们及其所在地区的民众，对新工党失望至极，幻灭感不断加深，很多人早就不再支持工党。脱欧及其响亮的口号“拿回控制权”（Take Back Control）成为最终诱因，促使他们转而支持保守党。起码，是保守党而不是工党发起了公投，保守党拥有相当数量的真正脱欧支持者，当然约翰逊不算在内。约翰逊的成功在于保住了梅的脱欧联盟，并眼看着工党内讧。

工党发生了什么情况？从第一次大选到第二次大选，两年间工党失去270万选票，主要因其脱欧立场的多变。2017年工党竞选宣言承诺支持公投结果。2019年在内部一致压力下，工党又称支持二次公投，即推翻了之前立场，结果导致大批要脱欧的选民不再支持工党。工党失去的60个选区中，52个选区2016年公投为离欧选区，即该选区多数人投票支持离欧。公投中选择离欧的工党支持者，其中一半在2019年不再支持工党，选择留欧的工党支持者中，只有五分之一在2019年不再支持工党。在英格兰北部、中部和威尔士，工党选民支持率从2017年的50%降至2019年的39%，回落至2010年水平。而工党从保守党手中赢得的唯一一个选区——伦敦西部的普特尼也很能说明问题，该选区属繁荣都市区，区内绝大多数人都支持留欧。

工党在脱欧问题上自己伤害自己，有诸多原因：科尔宾和他的侧近团队优柔寡断；工党一些高级领导人搞小动作，如未来领袖斯塔默，当时作为影子脱欧大臣，在2019工党年会上擅自宣布工党支持二次公投；数名工党议员戏剧性地宣布退党并组建一个叫“改变英国”的新党，严重影响到工党的团结和声誉，这个党没多久就销声匿迹了；约翰逊和他的首席顾问多米尼克·卡明斯打压工党的策略十分有效，工党处境被动。但最重要的一点是，保守党挑起的脱欧运动，给国家造成撕裂，也颠覆了政党的传统路线。很多政党内部产生分歧，工党内部尤甚，任何领导人对这种分歧都感到束手无策。

很多人批评科尔宾性格软弱和缺乏政治决断，但不能忽视脱欧给工党造成的严重不利。总体上，工党多数人希望留欧，2016年，230名工党议员中只有10人投票离欧，大约十分之九的成员和三分之二的工党选民想留欧。仔细看来，支持留欧的多聚集在主要城市，即这些城市选区中留欧工党选民过于密集，而三分之一支持离欧的工党选民，在2017年大选大约为工党赢得三分之二的议席。此外，2019年大选工党最想争夺的50个目标选区中，即小幅波动就能影响胜负的选区，35个是离欧选区，工党对此心知肚明但又无能为力。

有人归纳科尔宾重要主张为科尔宾主义，它强调，道德原则高于政治权宜；赋权党员充分参与党内决策；高度重视工党支持基本盘年轻人的利益；用人道主义调节几十年来的敌视移民政策，而此前布莱尔和布朗采取了绥靖立场。上述严重不利让科尔宾主义原则左右为难，重视年轻人，年轻人大多数支持留欧；不苛待移民，脱欧又加剧对移民敌视。科还希望英格兰北部和苏格兰选民重回工党怀抱，2017 年大选已出现这一苗头。然而，前者普遍要离欧，后者则想留欧，彼此对立，让科尔宾希望落空。

除了脱欧，反犹的指控给科尔宾 2019 年大选带来第二重沉重打击。这一指控可以说贯穿科尔宾的领导生涯，2018 年后日益增多，且很难将其来龙去脉说清楚。许多英国犹太人称有证据表明科尔宾的领导构成了威胁，但拿不出结论性的确凿证据。工党内部无疑存在反犹主义，现在仍有，但整个英国社会都有，保守党内也存在。于是指控矛头更进一步、更加要命：科尔宾对反犹太主义视而不见，对英国犹太人构成“生存威胁”。事实上工党的反犹主义，或总体上的反犹主义，始于科尔宾、止于科尔宾。科尔宾成为工党领袖前，长期支持犹太人事业，同各种形式的种族主义和仇外行为进行斗争。工党前议员琼·瑞安因不满科尔宾，2019 年退出工党成立改变英国党，其辞职信说了些历史背景：历届工党领袖都反对各种形式的种族主义，而反犹问题在科尔宾当选领袖前根本不存在。

说工党始终反对种族主义、对反犹主义免疫有些绝对，但在科尔宾当选领袖前，工党内部的确没有反犹主义。已故社会理论家大卫·格雷伯[①]的研究显示，2015 年，英国媒体只提到一次工党反犹主义，2016 年至 2019 年却提到过 13，000 多次，同期，没提到过一次托利党或保守党反犹主义。

这里有个例子可供参考：科尔宾 2011 年为 J. A . 霍布森经典著作《帝国主义》一书撰写序言，引发争议，但是是迟到的争议。霍布森是英国知名知识分子，《帝国主义》1902 年首版，经常出现在大学课程中，布莱尔和布朗都曾引用霍布森的观点。2015 年，《卫报》前政治编辑迈克尔·怀特称科尔宾的序言是"一篇非常不错的介绍性文章"。2019 年 4 月 30 日《泰晤士报》"挖"出这篇序言，指出霍布森存在反犹言论，而科尔宾并没有提到或纠正，这一沉默是对反犹主义的默许或忽视。需要指出，《泰晤士报》的指责合理与否并不重要，而是明显在搞双重标准。在科尔宾成为首相争夺人选之前，不仅该序言没有争议，而且包括著名的丘吉尔在内的保守党政治家的反犹言论，也从未引发托利媒体直接或"连带罪责"的指控。埃德蒙·伯克在《法国革命论》一书中的反犹言论广为人知，一位学者称该书"认为犹太人的金融交易和存在是对英国国家团结的威胁"，将该书奉为保守主义奠基之作的当代保守党人该作何想？然而涉及科尔宾，其序言就成了全国性丑闻，主要报纸和英国广播公司（BBC）都对《泰晤士报》的指控进行跟踪报道，引发"英国犹太人代表委员会"措辞强硬的声明，表示"严重关切"。

这种双标成了家常便饭。托利媒体用众所周知的捏造和歪曲

---

① 大卫·格雷伯（David Graeber，1961—2020），美国人类学家、无政府主义活动家，伦敦政经学院教授，以对资本主义和官僚主义的批判而闻名。

手法报道科尔宾，连“受人尊敬”的《卫报》和杂志《新政治家》(*New Statesman*) 等左翼媒体及 BBC 也认为社会主义者科尔宾是威胁，未给予其应有尊重，除不喜欢或不赞同因素外，认为他的领导和支持者将破坏英国政治的高贵和严肃。伦敦政治经济学院 2016 年的一项研究表明，四分之三纸媒的报道没有准确反映科尔宾的观点。对 BBC 报道的分析显示，留给科尔宾支持者的播出时间，实际却给了其批评者。除了反犹指控，报道科尔宾竞选也给 BBC 公正报道的宗旨带来考验。作家保罗·迈尔斯考夫[①]2015 年写道：

> 因为工党和保守党决定着英国政治偏左还是偏右，新工党观点主张同保守党差距缩小，英国政治指针总体右转。科尔宾当选工党领袖，使工党同保守党差距重新扩大，指针也偏离了以前的点位，BBC 没有相应调整认知，还认为平衡点由托利党和工党右翼来决定。

对科尔宾脸谱化的报道贯穿其领袖任期。2017 年大选时，媒体对科尔宾的敌意程度前所未有，据拉夫堡大学的分析，这一时期对科不友好的报道数量又翻了一番。这些扭曲报道自然也会影响或放大对科反犹指控的报道。

脱欧和所谓的工党种族主义这两个主题决定了 2019 年大选结

---

① 保罗·迈尔斯考夫（Paul Myerscough），英国当代作家，《伦敦书评》杂志的编辑。

果。我们都知道保守党与奈杰尔·法拉奇达成联合竞选协议，[①]而法拉奇同年还被指责传播反犹阴谋论，因其演讲提到“全球化主义者”企图创建“新的世界秩序”。《每日邮报》批斗左翼，竟称工党是“制度种族主义者”，真是颠三倒四的世界。到约翰逊赢得大选时，科尔宾和反犹主义已变成同义词，打败一个就相当于打败另一个。谋略家卡尔·罗夫[②]的格言“攻击对手的优点而不是弱点”，难得一见地在这里得到如此成功的应用。一位任议员近40年、非常平易近人的政治家、公认的讲原则的社会活动家，现在竟成为一个种族主义者，一个想搞独裁的人，一个难以被自己的党接受的弃儿！

2017年大选结果出来后，左翼还可梦想来一次更大胜利，以摆脱新工党妥协政策造成的束缚。到了被反犹问题决定的2019年再这样梦想，则被认为应受道德谴责，左翼如果胜利，相当于纵容“同路人”[③]幻想和纳粹邪恶。《卫报》专栏作家拉斐尔·贝尔[④]引用了一位犹太人在竞选期间说的话，“至少我们了解到谁会把我们藏在阁楼里”。贝尔回忆道，“他说这话我们都笑了，但这可不是一个笑话。”这个不是笑话的笑话让支持科尔宾的犹太人士无言以对。资深保守派评论员、科尔宾传记作者汤姆·鲍尔[⑤]2019年

① 参加第五章内容。

② 卡尔·罗夫（Karl Rove，1950—），美国共和党人，曾任小布什总统高级顾问，善于竞选谋划。

③ “同路人”（fellow travellers），20世纪50年代后成为西方通用政治术语，指思想上同情共产主义或苏联的人，主要指左派知识分子，尽管其并没有实际的组织和行动。

④ 拉斐尔·贝尔（Rafael Behr，1974—），英国卫报专栏作家，政治评论员。

⑤ 汤姆·鲍尔（Tom Bower，1946—），英国作家，曾为BBC做调查记者和制片，为科尔宾和约翰逊都写过传记。

早些时候在英国独立电视台（ITV）辩论节目中称，为科尔宾辩护的一名犹太记者是“自我厌恶的犹太人”，“你一定是”。在这样的氛围下，这位犹太记者恐怕又无言以对了。

将科尔宾一步步变成国家生存威胁的，不光有保守党、伦敦金融城、托利媒体、法拉奇和极右翼这些工党老对手，美国政界人士、英国安全部门成员、部分中左翼媒体，甚至工党内部的人士都发挥了作用甚至是破坏性很强的作用。泄露的录音显示，2019 年 6 月，时任美国国务卿蓬佩奥说：“不能排除科尔宾推动大选并成功当选的可能，你知道，我们不会让他有时间得逞并做出反犹勾当，我们要开始反击。”这明显是干涉英国内政。国内安全部门有更多打压科尔宾的事例，调查记者马特·肯纳德发现，军方、军情五处（MI5）、军情六处（MI6）和其他情报机构等国安部门人员，至少 34 次向媒体通报科尔宾构成安全威胁。难怪有的士兵以科尔宾的头像为标靶练习射击，该视频泄露后，大多数媒体未感惊奇。

工党内部许多人认为科尔宾不是他们中一员，对他的“领导”难以容忍，让科尔宾担任领袖是一个需要纠正的错误。他们通过无数次负面吹风、泄露文件、捏造丑闻和公开批评来发泄不满和拆台。2019 年初，从工党辞职的议员伊恩·奥斯汀呼吁所有“正直、传统、爱国的工党选民”在 2019 年大选中投票给约翰逊，不是让工党选民支持其他进步党或弃权，而是支持对手托利党！后来发现了奥斯汀这样做的原因：约翰逊上台后，迅速举荐其和另外两名反科尔宾前工党议员进入贵族院，奥斯汀成为达德利的奥斯汀男爵。托利党国还是颇有魅力。

那些希望保守党获胜、反对科尔宾继续担任领袖的工党人士，实现了自己的心愿，未感良心不安。前议员加文·舒克退出工党后加入改变英国党，现在是一家信用卡公司的首席执行官，他在大选后几个月、新冠疫情肆虐英国时回顾，“30年后人们可能会问我，你从政时取得什么成就？”“我可以说帮助阻止科尔宾成为首相，避免在一场重大危机中由他来领导国家，老实说，这是我的功劳。”

约翰逊激情四射的浮夸做派，及对细节的故意忽视，使他成为英国脱欧时期的理想领导人。在这个魔幻的世界里，细节及其对现实世界的影响被抛在一边，国家需要的是像约翰逊那样的迷之自信。约翰逊让英国逃离欧盟，避免了自我怀疑和过于严肃；无限乐观和无穷幽默弥补了约翰逊没有方向感的缺点；他的妙语连珠可以取代政策和提振士气，即便不能提高国民工资。约翰逊将给英国自由。

但英国却等来了一场真正意义上的围城，也让我们反思脱欧到底给英国带来多大自由。2020年1月31日，英国正式离开欧盟当天，悄悄记录了首批两例新冠病毒肺炎案例。3月11日，世界卫生组织宣布新冠为全球性疫情。没有什么事业比脱欧更适合约翰逊热情浮夸和忽视细节的特点，尽管脱欧背后有其私利，也没有什么事业比疫情防控更不适合约翰逊。遵守限制、听取专家意见、以身作则、认真考量生命代价，这些都与他的性格背道而驰。但历史的决定是，自诩的英国解放者，同时也是封城锁国的决策者。

在关键的最初几个月，约翰逊完全没有适应新角色。他对病毒十分致命似不以为然，据多米尼克·卡明斯说，约翰逊吹嘘自己曾与新冠病毒肺炎患者握手，还想让电视直播自己注射疫苗，告诉全国人民不必过于担心。他推行群体免疫政策，就是不采取什么具体措施，“让病毒在人群中整个传播一遍，人们就一次性获得免疫力”。后来一份官方报告认为，政府应对疫情的早期做法是“英国经历过的最严重的公共卫生灾难之一”，导致了成千上万本可避免的死亡。

约翰逊本人感染病毒住院后，人们以为他该认真对待了。但约翰逊政府继续以漫不经心的态度让情况恶化。宣布封锁总是太晚，之后不得不持续更长时间；价值数十亿英镑的疫情防控合同，未受监督地给予托利党捐款者或朋友；真假资讯难辨，好坏消息并存；核酸检测一度是主要措施，突然又不是，突然又是；起初不必戴口罩，后来必须戴口罩，再后来可以时戴时不戴；建议人们不要上班，若觉得安全也可以去；说学生可以安全返校，又说还不到时候；说英国有世界一流的感染追踪系统，只是暂时不太管用。诸如此类，几乎尝试了从群体免疫到隔离新近抵达者等各种措施。现在，政府竟说从未实行过群体免疫政策。

截至 2021 年 3 月，英国有 12 万多人死于新冠，是人口超过 1200 万的国家中死亡率最高的，因此获得“瘟疫岛”这个令人不悦的称号，英国可是付出了全球第三严格封锁的代价，经受了经合组织国家中第二严重的经济衰退。约翰逊在疫情期间表示，必须在安全、自由和经济繁荣之间有所取舍，但在他领导下，更多人丧生、封锁时间更长、经济严重衰退三重灾难齐头并进，让人心痛。

灾难性的疫情应对并未影响到约翰逊的首相生涯，他强大的生存能力为其赢得“特氟龙约翰逊”“胡迪尼”和不太高雅的“抹了油的小猪”等绰号。随着疫情逐渐减弱，他策划并做到了胜利大逃亡。大多数媒体和公众似乎同意，面对这一史无前例的突发情况，约翰逊已经尽了最大努力。与此同时，英国民众普遍接种疫苗，接种速度起初比欧盟还快，他得以将这场悲剧以胜利的形式收场。到 2021 年 10 月，保守党民调再次轻松领先对手。约翰逊在保守党年会上愉快地说，“我现在觉得似乎太顺，需要制造点插曲或喧闹”。

约翰逊如愿以偿。从 11 月下旬开始，“派对门”事件慢慢浮出水面。封锁期间，他和他的团队 40 来人无视自己制定的规则，每周五从傍晚开始，喝着从手提箱中偷偷带进首相府的酒水，聊天到凌晨。这前所未有地激怒了保守党、公众和一向忠诚的媒体。要知道，在同一时期，政府明令禁止社交聚会，人们甚至不能探望住院的临终亲属，孕妇要在隔离状态下孤独地分娩。菲利普亲王葬礼举行当晚，他们依然在派对。约翰逊蔑视既有规定的不端行为可被原谅，因为公众自己就讨厌那些规定，但此次可是蔑视被公众视为公民责任的防疫封锁规定，这是对公众的公然嘲笑。

英国公众不可能原谅将自己作为笑柄的丑闻，保守党民调已落后工党，差距达到 2013 年来最大，约翰逊本人支持率跌至有史以来最低点。12 月 16 日，保守党在北什罗普郡补缺选举中败北，该选区位于英格兰西米德兰地区[1]，1832 年以来基本由保守党控

① 西米德兰，参见第五章注释。

制。约翰逊地位开始松动，仍拟坚守应对新风暴，这次却没那么幸运。

2022年7月6日，保守党罢免了约翰逊。[①] 此前又曝出约翰逊对党内性骚扰指控视而不见的丑闻，媒体已就他们是否罢免约翰逊猜测了几个月。许多保守党人从约翰逊政府中辞职，三天内换了三位教育部长，约翰逊任命的接替者也反对他。有人从中看到了健康民主的迹象，米歇尔·戈德堡[②] 在《纽约时报》上写道："我们看到，一个仍在运转的民主国家正在打发走那位夸夸其谈的民粹主义领导人，因为他十足不道德、不诚实和自以为是。"但保守党人赶走约翰逊，决定性因素是意识到他已不能再赢得选举胜利。就在两周前，约翰逊一天之内输掉了两个选区，一个是南部托利党传统选区，另一个是北部老工业选区，约翰逊魔力消失，倒台咎由自取。

约翰逊7月7日辞职时，留下一个分裂的社会，一个幻灭感深过以往任何时候的痛苦国家。他当初热情许诺要消除地区差距，"整体提高"国家发展水平，不过是托利党的老把戏。有分析表明，"整体提高"实际是从较贫困地区向支持保守党的选区输送资金，英格兰一些最富裕地区人均资金接受额是最贫困地区的十倍。前财政大臣里希·苏纳克在竞选新首相活动中的言论对此予以印

---

① 保守党内6月份举行过一次对约翰逊的信任投票，约勉强过关，但到7月初，包括财长等内阁大臣在内的四分之一以上部长级高官辞职，7月6日拟再次搞信任投票，对约形成逼宫。

② 米歇尔·戈德堡（Michelle Goldberg，1975—），美国记者和作家，《纽约时报》专栏作家。

证。他访问坦布里奇韦尔斯[①]时说："我们从工党那里继承了将所有财政资金向贫困城镇地区倾斜的分配方式，这需要纠正，我将带来改变，确保你们这样的地区得到应有的资助。"这种做法虽然暗箱操作已久，但保守党人还是不愿将其公之于众。

约翰逊担任首相期间，为突出自身权威将诸多庸才揽入内阁，这是饱受诟病的托利党老把戏。奥地利经济学家约瑟夫·熊彼特在 20 世纪 40 年代指出，"每一位政治头领都知道，只有庸才才甘愿效忠"，称迪斯雷利就曾这样做。约翰逊下台，这些庸才开始争相要求掌舵。最初 11 位领袖候选人中，只有两位曾在 2010 年前担任议员，其中一位格兰特·夏普斯[②]在获得提名前就宣布退选，另一位杰里米·亨特[③]2019 年就竞选过领袖，当时败给约翰逊。两匹黑马很快脱颖而出，7 月 20 日后，竞争只在莉兹·特拉斯和苏纳克间展开。

保守党选领袖，氛围丝毫不输全国大选，狂热的新闻报道、国家电台电视台采访、电视辩论、人身攻击、宏大承诺，各种节目一个不落。公众可以选择任何喜欢的领导人，非保守党人除外。不是公众偏好不重要，而是仅 17.5 万名保守党员可以投票，他们绝大多数是白人，大部分超过 50 岁，持脱欧立场。

特拉斯和苏纳克竞争党的领袖和国家领导人，却剑走偏锋，言论政策诉诸极端。说要打造最有效的经济、发起最强硬的文化

---

① 坦布里奇韦尔斯（Tunbridge Wells），英格兰南部肯特郡的一个人口相对集中的地区，是英国富庶地区之一。

② 格兰特·夏普斯（Grant Shapps），曾任保守党交通大臣、国防大臣，在 2024 年大选中失去议员席位。

③ 杰里米·亨特（Jeremy Hunt），曾任保守党卫生大臣、外交大臣和财政大臣。

战争、建设最伟大的国家。特拉斯的税收方案，连苏纳克都认为不负责任，苏纳克建议将难民关到游轮上而不是酒店里、将仇视国家者定罪，让特拉斯显得更为理智。

两人提供了相同的老一套政策版本：实现经济增长，保护国家免受避难者、左翼分子和“跨性别主义者”威胁，消除邪恶势力（当然不是保守党政府）2010 年以来给国家造成的损害。苏纳克说他将“重新恢复信任、重新振兴经济和重新团结国家”，但没有解释为什么需要用前缀“重新”，[①] 还提到“工党对经济不负责任的管理”，试试老招数是否奏效，也不想想工党执政都过去多少年了。特拉斯对辞藻的挑选组合更胜一筹，她说：“我的竞选主题是，保持低税收，扶持工商业，涡轮增压加速发展经济，释放英国无穷潜力。”她还试戴约翰逊反建制面具来给自己加分。在记者汤姆·邓恩的竞选采访中，特拉斯几次点名批评“媒体”，邓恩不愿被当成哑剧中的坏人，就说：“仅作提醒，这是你第三次攻击媒体了，其实很多媒体都支持你。”采访结束后的特拉斯没有意识到麦克风未关，连忙道歉：“汤姆，很抱歉我对媒体态度不好。”受伤的邓恩回答：“批评媒体的办法廉价但不高明，你知道的。”特拉斯对自己的表现并无十足信心。

当特拉斯和苏纳克难分伯仲时，如影随形的撒切尔出来帮忙。不是看谁更有领袖能力和资质，而是看谁更可能成为新时期的撒切尔。特拉斯显然更有优势，多年来一直在培养自己的撒切尔风格和气质，穿戴同她相似服饰，模仿其语言和拍照，尤其是，撒

① 英语里前缀 re 有重新之义，原文用词是 restore，rebuild，reunite。作者在讽刺现状糟糕。

切尔当年的自由市场智囊团经济事务研究所和政策研究中心也站在了特拉斯一边。

9 月 5 日，特拉斯当选保守党新领袖。托利媒体努力吹响集结号，《每日邮报》头版用“值此历史时刻，新女领袖到来”的标题表达激动之情；《每日快报》头版则语气恳切地说：“请充分信任特拉斯，她将带领英国迈向成功。”不能总说庆祝新黎明，太多新黎明观众难免打哈欠，就算最忠实的媒体啦啦队也会犯疲惫。象征着国家稳定和实力的保守党，凭借全国 0.15% 选民的授权，迎来六年内第四位领导人。《每日镜报》当天头版登了一张很吸引眼球的图，卡梅伦、梅、约翰逊和特拉斯四人肩并肩，幻化成一只八眼兽，配文是“同样的老托利人”。

9 月 6 日，特拉斯前往巴尔莫勒尔宫[①]觐见伊丽莎白二世女王，成为女王陛下 70 年统治中的第 15 位也是最后一位首相。两天后，王宫宣告女王辞世，终年 96 岁，举国悲痛，特拉斯暂退后台。

崇敬和悲伤之情压倒一切，人们涌向白金汉宫致哀。媒体称颂女王尽责、高贵、永恒，以坚韧不拔和特有幽默完成艰巨工作，是人民的女王。评论家称赞女王治下的英国发生了巨变。国家停止了运转，超市调低扫码器音量以示尊重。数十万人“排队”前往议会大厅棺椁前致敬，据说可以从太空中看到泰晤士河畔的长队蜿蜒至市中心街道。民族自豪感爆棚，英国又一次成为世界中心。

---

① 巴尔莫勒尔宫（Balmoral Castle），女王在苏格兰的夏季行宫，是属于王室的私人宅邸。

在数十年策划和演练基础上精心呈现的皇家葬礼，从权杖、十字宝球、绒垫衬托的镶钻王冠这些王权象征，到阵容庞大、服饰鲜亮的仪式乐队，每个细节和过程都展现了托利党国的盛大、庄严气象。来自各大洲约100位国家领导人出席葬礼，肯定没有比这再高的规格了。一位保守党议员称“这是世界见证的最重大典礼”。

毋庸置疑，英国已再次伟大，或说英国一直都很伟大，世界现被提醒注意这一点。为期10天的哀悼带给英国一段难得的怀旧浪漫插曲，9月20日葬礼结束，特拉斯首相正式开始工作，必须面对枯燥挑战：低工资、低增长、贫困加剧、通胀飙升、生活条件恶化。如果特是有“一个英国”情怀的保守党领导人，正好可以利用女王去世形成的团结、同情和自豪感来共同迎接挑战，但她似另有想法。

9月23日，特拉斯宣布了一项“迷你预算”，[①]一项旨在烙上个人印记并刺激英国经济的财政政策。政府未给苦苦挣扎的工人加薪，而是宣布将严格福利申领，取消对公司的增税计划，取消银行家奖金上限，废除所得税最高税率，即年收入100万英镑与年收入5万英镑的人现在按同样的税率缴税。这一预算政策被称为“大爆炸2.0”，是对撒切尔当年放松金融管制政策的升级，让英国成为现今发达国家中经济最右倾的国家。

托利党国的许多支柱对此欢欣鼓舞。《每日邮报》头版称，“真正的托利预算终于来了！”艾利斯特·希思[②]在《每日电讯报》

① 实际是由特拉斯政府的财政大臣夸西·克沃滕宣布的。

② 艾利斯特·希思（Allister Heath，1978—），英国商业记者、作家和评论员，《星期日电讯报》主编。

头版写道："这是迄今以来财政大臣提交的最好预算，远超预期。减税幅度如此之大，语言如此非凡，我不得不掐一下自己，确保不是做梦。"经济事务研究所主任马克·利特尔伍德说："长期以来我一直谨慎地批评保守党政府不够激进，现在他们比我们要求的更加激进。"《每日快报》也加入赞扬之列，称"夸西·克沃滕在短短 26 分钟内打破了几十年的经济思维定式，让英国坚定地走上了增长之路"。

但这些吹捧言论与公众实际认知差距很大。大多数人未被托利媒体蒙蔽，他们看到了预算的真实面目：对富人的优惠照顾和对其他人的冷淡忽视。所得税削减大致意味着，收入 20 万英镑的人每年少缴约 4500 英镑税款，收入 2 万英镑的工人每年少缴 218 英镑——这点儿钱会轻易被通膨和蹿升的水电费及房租抵消。这种极端减税政策，受到英国各界、国际组织和其他国家官方的批评和否定，包括工党左翼和右翼、国际货币基金组织、英格兰银行、德国驻英大使和美国总统在内。这又剧烈冲击到英国经济和政治，英镑对美元的汇率跌至历史低点，保守党民调支持率下跌 20 至 30 个百分点，预示该党大选惨败。"民意调研所"（Opinium）政调部主任克里斯·柯蒂斯表示，"这是我一生中看到的民调支持率最剧烈的反转"。

特拉斯和她的团队陷入困境，努力寻找借口和出路。有的说给女王举办葬礼和普京入侵乌克兰是导致不稳定的原因；也有的说"觉醒运动"暴徒接管了金融市场，造成市场动荡；更有猜测说，工党上台可能性增大是金融恐慌的真正根源。特拉斯撤回了预算案，将克沃滕撤职。但没有用，托利党人像自由落体一样下坠，并拖累整个国家。

特拉斯上任六周后宣布辞职。她对震惊不已的唐宁街工作人员说："别担心，使命结束让我感到轻松……至少我当过首相。"

正与家人在多米尼加度假的约翰逊看到这一切，以为自己的机会来了，飞回英国希望再夺领导权。他在党内支持基础雄厚，但似不及苏纳克，苏纳克很快成为最具优势候选人。这次不再通过全体党员投票，而是按传统由议员选出领袖。

保守党顽强的生存本能再次克服了自己制造的混乱和内部分歧。特拉斯周四辞职，约翰逊周日退出竞选，苏纳克下周一被宣布为英国新首相。苏是英国首位亚裔首相，也是自索尔兹伯里勋爵以来最富有的政党领袖。没有其他首相拥有这么多豪华房产：伦敦肯辛顿一套价值700万英镑、五居室的独栋别墅及附近一套公寓；约克郡一座价值200万英镑的乔治亚风格庄园宅邸，用40万英镑翻修后带网球场和游泳池；美国加州圣塔莫尼卡一套价值550万英镑的顶层公寓。苏任命党内富有议员之一杰里米·亨特为财政大臣，将富有经验的乔治·奥斯本一并纳入新财经团队。他们一道宣布，新一轮紧缩政策即将到来。

保守党又在开创历史，除了贡献第一个非白人首相外，过去七年产生的首相比工党过去70年产生的还要多。《每日邮报》头版称"英国迎来新黎明"。旧托利党人被赶了出来，现在轮到新托利党人统治国家了。

秋天带给保守党人复杂的混合情感。女王葬礼带来光荣、怀旧和精神升华；特拉斯的表现让人疲惫、尴尬；新国王上台又带来英格兰永恒憧憬；对保守党垮台的担忧始终挥之不去。特拉斯的耻辱领导像是一次失败，但托利党人并未离开唐宁街，苏纳克接班又带来一丝复兴希望。以前保守党多次从失败中反弹，其命运尚未注定。保守党人再次徘徊在两种熟悉的心态之间：雄心勃勃、力争全面主导；焦虑不安、担心彻底湮灭。也再次处于十分熟悉的方位：一只脚迈向王座，另一只脚踏进坟墓。

结　语

自 2010 年以来，英国十大富豪的财富几乎翻了两番，达到了 1820 亿英镑。保守党自己收到的大额捐款也达到创纪录水平。同时，大部分普通人工资基本没涨，如果把他们的数据做成点线图，很难不留下这样的印象：在保守党领导下，普通人的财富被少数人掠夺。

人们称保守党为“金融城和普罗大众的联盟”，是说该党高举英国国旗，致力于追求利润和保护特权，以英格兰南部股票经纪人为代表的精英，和以北部桑德兰[①]工人为代表的普通群众，同时被吸引到保守党麾下。从上面的称号中看不出这两方力量孰强孰弱。2010 年以来，保守党金融优先的政策让多数人的生活苦不堪言，全国地方社区因缺乏政府资金支持日渐衰败，国民医疗服务体系勉强维持、几近崩溃，英国人现享有的医疗保健全欧洲最差，图书馆、青年中心等公共文化设施大范围关闭，诸多公园、广场等休闲场所卖给了私人。

保守党人公开说为争取广泛支持要更加民粹化，但他们同伦敦金融城的联系一如既往的紧密。2022 年的一份报告显示，金融界 2020 年至 2021 年间向各个政党捐款 1500 万英镑，其中超过

---

① 桑德兰（Sanderland），是英格兰东北部的城镇，以前是英格兰重工业基地之一，现在仍有不少制造业工厂。

四分之三流向保守党。2010 年来的保守党七名财政大臣中除乔治·奥斯本外，都有金融或咨询业背景，奥斯本离任后也为金融巨头贝莱德服务。保守党领袖的背景也表明唐宁街 10 号与金融界关系异常紧密。几个世纪前卡梅伦家族就有人做股票经纪人，卡辞去首相后，代表金融服务公司“格林希尔资本”向自己曾经领导的保守党政府游说。首相梅在成为议员前为英格兰银行工作了 12 年。苏纳克曾在金融领域工作 14 年，其妻从事风险投资，且是一位亿万富翁之女。

约翰逊首相领导“人民政府”的同时，设立了一个由高端捐款者组成的秘密“顾问委员会”，这些人以向保守党捐赠 25 万英镑为敲门砖，换取每月向首相或财政大臣面提意见和建议的机会。2022 年 7 月约翰逊快要辞职时，为数不多为其辩护的，就是这个“顾问委员会”的 22 人小组。他们在一封公开信中写道：“我们需要鲍里斯·约翰逊继续担任我们的首相。”这 22 人中，9 人位列《星期日泰晤士报》富豪榜，其净资产之和达到 353 亿英镑。近年来，这 22 人共捐出了 2000 多万英镑。我们无从知晓他们喜爱约翰逊的具体原因，想必不是因为他听从了“人民的意愿”。

保守党为增加对“普罗大众”的吸引力，开展更加残酷和荒谬的仇外行动和文化战争。苏纳克曾说要回归理性政治，但将打击“觉醒运动”、遣返避难者至卢旺达作为施政优先，以为将尽可能多的避难者送上飞机，工资和生活水平下降、公共服务不堪等紧要问题就会随风消逝。曾给特拉斯担任内政大臣的苏埃拉·布雷弗曼[①]因违反部长守则被迫辞职，一周后又被苏纳克不顾争议地

① 布雷弗曼，见第二章注释。

重新任命为内政大臣，她立场强硬，无视人权，批评移民“入侵我们的南海岸”，日益以保守党文化战争总司令自居，在2022年10月保守党年会议上微笑着说：“我希望看到《每日电讯报》头版报道一架飞机飞往卢旺达，那是我的梦想，那是我的执念。”

布雷弗曼为了满足托利媒体的嗜血性，用报纸头版而不是政策来支撑她的梦想，不经意给我们提出一个问题，文化战争到底是为了谁？为了普罗大众还是另有其人？报纸报道很多移民相关新闻，似说民众对该问题十分不满。当英国经济愈发不景气之际，《每日电讯报》2022年11月1日头版惊呼：“移民与公众同住酒店！”两周后，《每日邮报》头版宣称：“护士为移民危机付出代价。”但护士们另有关切，当天皇家护理学院集体投票决定，在其106年历史上举行首次罢工，以争取更好的工资和工作条件。

英格兰银行预测英国面临连续第二个“失去的十年”，这当然归因于保守党政府经济政策的失败，自然也会引发保守党去加倍攻击替罪羊。除了南海岸移民“入侵”（其实英国是欧洲接收避难申请最少的国家之一），还有各种各样的所谓威胁：工会分子、都市白领、环保主义者、跨性别群体、疯狂的左派以及前工党领袖米利班德和科尔宾等。为什么害怕这些人？因为他们制造分裂、拉低工资、浪费公共资金、忽视公共服务、诋毁国家声誉、危及英国未来、对民主缺乏尊重并经常假扮或模仿他人。我们是否突然意识到，如果真有这些威胁势力，那么他们并不来自外部，恰恰就在我们的殿堂之中？

2010年，金融危机后、保守党重新掌权并实施紧缩政策前夕，奥斯本抨击新工党执政表现说：“选举中被问到‘你比五年前过得更好吗’这个老问题，当代历史上我们将第一次听到‘不’的回答。”

自那以后，保守党又带领英国进行了三次大选，宣布 2024 年举行第四次。伴随保守党的每一次获胜，英国人的生活，用国内各项指标来衡量，都变得更糟。当然不是说之前新工党执政 13 年就好很多。布莱尔和布朗同样迷恋金融业，执政时期播撒了后来十年分歧、幻灭和经济失衡的种子。他们鹦鹉学舌般抄袭托利党人的谈话要点，为塑造强硬形象监禁作为替罪羊的避难者，创造欧洲最高监禁率，仍将申请福利和救济者不光彩化。工党议员模仿托利党人的做法，离开政坛后加入私营公司从事游说。从某种意义上，新工党政策成了保守主义政策的延续。然而，布莱尔执政成就仍远超其后任何一位保守党领袖，当时公共服务基本能够顺畅运转，贫困率和无家可归者显著减少，新开数百所学校和医院，等等。不说外交，仅比较国内政绩，布莱尔可能是 21 世纪最棒的保守党首相。

保守党自己不认为 2010 年来政绩糟糕，英国公共服务和基础设施私有化、福利制度更具惩罚性、地方政府被削弱、不平等加剧等社会方面的倒退，恰恰是保守党人出于自身信仰希望去做的。英国脱欧带来不稳定影响到经济，也不是因为无能，而是保守党人本着创造性破坏传统，毅然决然同欧盟决裂，不在乎带来经济成本。然而，自负、任性、丑闻最终造成严重后果，众多研究和调查表明，人们对英国经济前景和民主信仰前所未有地悲观，对政治体制和政治家信任达到历史新低。

不止英国，世界很多国家都遭遇了类似问题，政治幻灭加深、反动势力崛起，部分原因就是民主体制运转出现问题。理想民主形式中，人们享有平等的治理社会发言权，政党在公平环境中竞争，希望就在不远处；而现实是，人们利用财富、教育、地位和关系的不平等，任意施加影响和谋取私利，少数人垄断决策权，又甘愿接受公司秘密游说，民主政治名存实亡。

人们关注应然民主和实然民主间日渐扩大的鸿沟，认为是受到以下因素的影响：2008 年全球金融危机后遗症、社交媒体兴起、许多工作岗位报酬低和日益不稳定、气候变化引起连锁反应等。这是部分原因，但民主体制缺陷不是最近十年而是很早就出现了，换句话说，它们一直都存在。政治学家 E. E . 沙茨施耐德[①]在 1960 年出版的《半主权人民》一书中写道："我们感到困惑，以为民主之战很久以前取得了胜利。"我们无知自满地将民主门槛设得很低，以为一旦人人拥有投票权、定期举行选举和媒体不受审查，民主就算大功告成。这些，不足以造就理想的民主，反民主势力完全可以做到上述事项，并从中为自己谋利。

保守党人对民主的反对写在英国的历史和当下之中。其他国家，往往是先推翻旧的统治阶级，建立一个新的、以民主理想为蓝本的政治制度来实现民主，尽管这个制度并不完美。而英国的民主，是统治阶级面对日益不满的公众，做出一系列让步形成的，通过 1832 年、1867 年、1884 年、1918 年、1929 年和 1948 年一次次的有关改革，最终实现全民普选局面。保守党人常自诩推动

① E. E . 沙茨施耐德（Elemr Eric Schattschneider，1892—1971），美国政治学家，研究政党政府间关系，对美国民主制缺陷多有批判。

或成就了其中一些改革，这有点像房东称赞自己修复了出租房的屋顶漏洞，这修复是在经年累月投诉后，甚至面临罢交租金等奋起反抗情况下才做出的。仔细研究上述任何一项改革都能清楚看到，保守党扩大选举权的目的，从来不是实现大众的民主梦想或履行让英国人民自治的义务，而是尽可能多地保留统治阶级权力和特权。从这个意义上说，英国的“民主化”进程，同时也是统治阶级自我保全且比其他国家更成功的过程。

这种进程给英国政治和社会留下若干不合时宜的遗产，其中之一就是议会上院或贵族院。这是系统性腐败的代表，保守党在近 200 年中占据其中多数席位，党领袖利用公共资源，合法地对盟友、朋友和追随者进行奖励、拉拢和安抚，无论是政界同僚、家庭成员、记者编辑、报业巨头还是政党捐赠者，也不论是否胜任，都可得到一份终身议员的工作。据最近一项调查，每 10 名上院保守党议员中就有一人向该党捐款超过 10 万英镑。我们都知道其他国家怎么称呼这一做法。再有，就是精英私校。英国教育体系是世界上最精英化的体系，伊顿公学长期以来对英国社会发挥强大影响力。全英只有约 6% 的小学生就读于私立学校，但家庭年收入超过 30 万英镑、占总人口比例 1% 的高收入阶层的学生，60% 到私校就读。弗朗西斯·格林[①]和戴维·凯纳斯顿[②]在《特权的引擎——英国私立学校问题》一书中指出，这是所有发达国家中最明显的教育鸿沟。私立学校校友再经过牛津或剑桥的镀金，

① 弗朗西斯·格林（Francis Green，1950—），英国教育学家、经济学家，伦敦大学学院教育研究所教授。

② 戴维·凯纳斯顿（David Kynaston，1951—），英国历史学家，专攻英格兰社会史。

进入议会、司法、媒体等各领域发挥主导作用。即便精英私校导致社会流动性丧失，保守党人也不遗余力维护这一特权引擎，任何对私校的批评被斥为“逆向歧视”（inverted snobbery）、“阶级战争”（class war）和“社会工程”[①]案例，是对英国声誉的抹黑。

保守党人明白要保持现状，必须做出改变和让步。但投降也要讲艺术，不光知道何时让步，还知道如何包装、呈现这些让步，让看起来的失败转化为托利党的骄傲时刻，体现托利党人的善良和明智：保守党为使英国免受革命破坏，明智合理地按时间表逐步扩大选举权；保守党维持帝国到最后一刻，不是为了保全帝国，而是努力让被殖民者达到政治成熟后，再解放他们；保守党不反对建立国民医疗服务体系，并首先建议这样做；保守党提出并推动脱欧公投，是出于对民主的郑重承诺，不是为掩盖自身问题和化解英国独立党威胁。这样重新包装的叙事，慢慢渗透到国民认知当中成为正史。两个古老箴言从中贡献不菲：历史是由胜利者书写的——托利党通常是胜利者；报纸撰写历史的初稿——大多数报纸支持托利党。

保守党尽管无数次向“英国人民”宣誓爱国和保障民主，仍然是反民主的力量。保守党人不愿放弃不能全面反映民意的选举体制，继续享受其红利，近年还试图削弱工会、禁止罢工、非法化扰乱性抗议活动、增加对污损破坏雕像者的刑期，借口虚假威胁推行选民身份证制度。最后一项措施可能剥夺数百万人的投票权，其中多数是工党选民。

---

① 社会工程（social engineering），指通过网络操控或攻击，侵犯他人隐私，搜集机密信息，造成对攻击对象的负面看法。

保守党的反民主性也体现在经济社会政策上，自 2010 年以来实行无情的紧缩政策，有时将地方政府预算砍去近半。他们一直担心地方议会可能促进市镇社会主义发展，让居民获得更大程度上的自治而不听命于保守党。撒切尔因而废除了大伦敦市议会和其他都市区的郡议会。坐落在英国议会大厦河对面的、曾经是大伦敦市议会所在地的宏伟建筑“郡县堂”(County Hall)，现已改为两家酒店、“史莱克冒险乐园”和若干“气候变化技术企业”办公地。这是保守党忠于资本主义而非民主的确凿见证。

那么，该做些什么呢?

历史学家戴维·格林伯格[①]2011 年的《为什么最后章节令人失望》一文，反思了为什么很多政论文最后章节往往写不好：“看不同风格和类型的文章，不管对手头问题的调查和分析多么充分透彻，但结尾都千篇一律地给出乌托邦式、平庸无益或与之前分析不搭界的乐观政策建议。”他指出，不管是希望“提高意识”，还是呼吁采取行动，“清醒的批评会突然让位于不靠谱的乐观”。

首先声明，提出政策建议远比落实要容易。这里也要列出一长串从一般到激进的政策，不期望乐观见效，但对破除托利党国迷信必不可少：给予地方政府更多财政支持和自主权；对富人增税，更平等的社会往往更幸福；取消私立学校的慈善机构地位，开征运营增值税；剥夺君主的税收减免权和国家补贴，向共和方向努力；民主化议会上院；增加政治游说和捐款透明度，设定捐

① 戴维·格林伯格(David Greenberg，1968—)，美国历史学家，专门研究美国政治、媒体和文化史。

款上限；用比例代表制取代“选区票数第一者胜”制度；减轻媒体私有化程度；编纂成文宪法，更好发挥制衡作用，杜绝人治行为。脱欧揭示的英国最大的特色不是疑欧主义，很多欧洲国家都有疑欧主义，而是卡梅伦发起公投的高度随意性。

如果这份政策清单难以起到实效，不是想法不对，也不是民众不支持，而是保守党不给予其落实所需的民主空间。保守党人声称支持“言论自由”和“人民意愿”，但从意识形态和历史上看，他们敌视非保守主义的观点和生活方式，不愿人民对管理社会有同样发言权；始终竭力反对地方居民有权制定本地政策的主张；推行紧缩政策不是为了精简行政程序和成本，而是削弱地方政府以便中央集权，剥离地方政府基本公共服务权能，让私营公司和慈善机构接管。

保守党人不讲民主，还体现在任意将社会机构和团体指责为左倾。在他们看来，不坚定支持保守党就是左倾，不为托利党国所接受。因而，被保守党视为敌人的名单不断变长，不仅有工党、工会、大学和 BBC 这些老顽固，还包括企业、艺术机构、英格兰教会、预算责任办公室等，以及任何敢于质疑保守党统治的个人或团体。保守党人经常将他们归为一类，好像存在类似于“反增长联盟”或“觉醒的暴徒”等协调一致的阵线。他们的担心和焦虑由来已久，是害怕失去权力的生存性恐惧。

本书不会提供一个将上述恐惧转为现实的具体行动方案，不会提供带来改变的蓝图，只是想揭示，这个国家的历史和最强大的政党如何塑造了我们的政治和我们自己。看上去托利党国是最终发展的结局，但本书却想说，英国内部还藏有另类社会愿景，还存在不同的国民身份认同，不过暂时被有利于保守党的政治体制压制而已。不管英国还是英格兰，本色并不是保守主义。在缺乏真正有代表性的民主制度的情况下，一切还没有最终的结论。

保守党经常胜选，但并不受民众欢迎，因而我们看到，尽管托利党人已四连胜稳居唐宁街，却像一个四面楚歌的少数派那样行事。他们焦虑，是因为自己的确是少数派，仅得到约四分之一合法选民的支持，始终得竭力同其他政党争夺领导权。他们对社会普遍缺乏保守主义共识、普遍存在非保守主义思想和生活方式感到失望，对未能将“不列颠”和“保守主义”等同化感到沮丧。更让他们气馁的是，文化和社会发展趋势仍然不受控制。无论托利党赢得多少次选举，仍有很多英国人讨厌该党，并继续做托利党人厌恶的事情，如加入工会、罢工、嘲笑君主、推倒纪念塑像、嘘英国国歌、挖掘丘吉尔种族主义言论、支持苏格兰独立和爱尔兰统一等，甚至投票给工党。

保守党人将上述行为定义为非保守的，而且是“非英国”的，他们强大的政治影响力让你不由得相信其说法。工党胜选次数虽不及保守党，但选民支持率与保守党不相上下，有托利党国之说，却不大可能出现“工党国家”（Labour country）的说法，最乐观的左翼分子也不敢奢望。

但托利党不能代表全部的英国，托利媒体也不能。大部分英国媒体不仅没有让我们看清社会，反而经常同权贵串通一气，将公众注意力从权力的真实所在转移开来，让没有权的人成为替罪羊，把进步人士踢出局，让保守党公开或隐秘掌权。他们告诉我们，用卡梅伦 2015 年的话来说，“英国和推特不是一回事”，社会中部分喧闹者不代表整个国家、不应主导国家话语权。[1]应当指出，这也适用而且更适用于托利媒体，他们不代表整个国家，不能垄断国家叙事。

左翼常常叹息“不觉自己是英国人”，这表明托利党国在民族认同方面的成功，“保守主义”和“英国特性”看起来如此等同，放弃前者相当于放弃后者。对左翼要挑战将“保守主义”和“英国特性”等同化的做法，不能听之任之。正如安东尼·巴尼特[2]所指出的，如果左翼不想在自家中被视为局外人，就需要接受某种民族认同，不宜一味排斥民族主义，应意识到，所有的身份认同和社会运动都须有自己的历史根基。左翼要接受的民族认同，或说爱国主义，不以军事征服、帝国辉煌、皇家威严浪漫为基础，既不回避黑暗历史及其当代义务，也不必忏悔而自我鞭笞，要从宪章运动[3]、工会运动、争取妇女普选运动、1945 年精神、建立国民医疗服务体系、疾风号[4]等当中找到根基和源头，构建诚实进步的历史。《爱丽丝漫游奇境记》中女王对爱丽丝说：“只能溯及过

① 在英国，推特（如今的 X）上左派比右派更活跃，左翼观点影响很大。

② 安东尼·巴尼特（Anthony Barnett，1948—），英国作家和社会活动家，兼有左派和自由主义倾向。

③ 宪章运动，是指 1838 年到 1848 年，英国工人阶级要求进行社会政治改革并为此而斗争的运动，列宁称之为世界上第一场大规模工人阶级运动，对后续扩大普选权、改善劳动者工作生活条件等起到积极作用。

④ 英国二战后劳动力短缺，当时法律允许其殖民地民众移民英国，20 世纪 50、60 年代，加勒比海国家约 50 万人移民到英国工作生活，为经济恢复和 NHS 建立作出了贡献。他们当时乘坐的一艘大船名为疾风号（windrush），后用此名称代指这些移民或吸收移民的举措。但 2018 年曝出丑闻，英国政府未给予上述部分移民应有合法身份或补偿，严重侵犯了他们的权利。

去的记忆是一种糟糕的记忆。”[1] 只顾向前看而忘记历史的政治，是一种拙劣的政治。

英国选民日益渴望变革，左翼可以从中汲取力量。科尔宾支持者同离欧选民之间有分歧，也有共识，那就是英国在两个节点上偏离了正途，一个是撒切尔推行全面自由的市场化，一个是撒切尔带领英国加入欧洲单一市场。因而，从 2015 年科当选工党领袖到 2016 年英国公投的 10 个月时间里，这两股曾经的边缘性政治力量形成合力，颠覆了似成定局的现状。

若剔除排外因素，脱欧诉求同工党主张还共享以下初衷：给予公共服务更多财政支持、推翻精英治理共识、让权力回归人民。托利党和托利媒体打着这些诉求旗号，率先提出“夺回控制权”口号，煽动民族主义情绪，不是为实现上述诉求，而是为扩大自身既得利益。我们再次看到保守党的虚伪和心口不一。左翼不宜放弃脱欧提供的机会，早应将“夺回控制权”作为进行动员、开展斗争的号角，目标不是欧盟或国界，而是大公司的权力和保守党削弱地方政府的政策。

在保守党所发起“文化战争”的不断歪曲的叙事下，似乎难以利用这种机会，因为英国社会正分裂为相互排斥的两极，一极是欢迎移民、痴迷于身份政治的自由派，他们实际上或精神上生

① “只能溯及过去的记忆是一种糟糕的记忆”（It’s a poor sort of memory that only works backwards.），这句引语实际出自《爱丽丝漫游奇境记》姊妹篇《爱丽丝镜中奇遇记》，这两部由牛津大学教师刘易斯・卡罗尔 19 世纪创作的小说深受各年龄段人士喜爱，其中很多句子既天真烂漫，又富于哲理和讽刺气息，被广为引用。如该句启示人们，记忆除回忆外还可发挥更大的作用，当然作者引用是为了同下面一句相互引发和对比。

活在“北伦敦”[①]；另一极是生活在其他地方、遭贬低的社会保守派，其中“被时代抛弃”的“红墙”[②]中人已极端情绪化。保守党趁机构建了他们的两极话语体系，称自己代表社会保守派或“真实的人”的利益，而工党则是脱离现实的自由派都市精英的代言人。

这看似不可调和的社会分裂景象，仅是景象，不完全是现实。大量民调显示，我们并没有人们想象的那样分裂。所谓红墙中人的观点，与英国其他地区的观点差别不大。对移民的态度远没有托利党暗示的那么保守，而且会随民意调查者提问方式及媒体关注度的变化而变化。全国范围都一致希望公共服务得到充足资金保障。

重要的是，“英国人民”的观点不是单一和固定的。公众舆论是政治、文化和经济趋势的综合反映，并受到对立党派主张的影响，如政治理论家南希·罗森布鲁姆[③]所说，民主制国家内，信仰和利益冲突不会“自发”出现，“总有人制造社会目标、安全和正义方面的分歧，党派竞争与生俱来，并将发起斗争。”斯图亚特·霍尔[④]更深刻地说：“政治不反映多数，它创造多数。”

目前看来，工党不想发起斗争。基尔·斯塔默在沿着布莱尔这位工党50年来唯一成功的领袖的足迹前进，将工党定位为繁荣和爱国的政党，口头上提出革命，却按照托利党的条件起草自己的政策纲领，承诺提供更有竞争力的保守主义品牌产品：有效削

① 北伦敦知识分子、左翼人士、都市白领相对集中，故用北伦敦代指自由主义者聚集地。

② 见引言部分正文。

③ 南希·罗森布鲁姆（Nancy Rosenblum，1947— ），美国政治学家，哈佛大学和布朗大学教授，专门研究现代政治思想和宪法。

④ 见第四章注释。

减财政支出；高效实施移民管控；继续进行更人性化的文化战争；不反对“让脱欧行之有效”；欢迎有效率的私有化；不支持甚至要严惩罢工。斯塔默已经将科尔宾开除出党，用《经济学人》的话说，“清洗了党内左派分子，其残忍程度让人联想到保守党。”他强调，选举制度改革不在施政计划之内，标榜工党是“维护法律和秩序的政党”。为拉拢进步人士，给出些许蝇头小利——结束私立学校免税地位、重新国有化铁路系统和一家公共能源公司。在托利党国不断诱拉下，这恐难以落实。

斯塔默和新工党一样，更看重“实用主义”和“常识”而非希望和理想。在当代英国，这两个概念似乎是一味迎合右派，其实它们的内涵有过变化。二战后数十年实践证明，中间立场不只是对富人减税和削减公共支出，曾有短暂窗口期，常识和实用主义立场左倾。设想一下，如果20世纪50年代的保守党参加今天的选举，其经济政策可能是主要政党中最左的；如果新工党参加20世纪50年代的选举，其经济立场恐怕最为右倾。不是说应该回到1945年，而是说，如果趋势出现过逆转，就有可能再次逆转。

一个不同的英国是可能出现的，但政治中无法做出绝对保证。当前高涨的不满情绪很可能将保守党赶下台，无论什么结果，将其一笔勾销是不行的。过去200年的先例告诉我们，无论是执政还是在野，保守党人能够适应变化，尽可能给自己保留特权，给对手和社会制造分裂。

保守党比工党更有战斗精神、自主性更强，服从他人不是保守党人的性格。“他们梦想真正的文化权力，”斯图亚特·霍尔观察到，“而工党，则以其温和的态度希望民调上升，实际上只有两个选择，要么变得与历史无关，要么开始勾画一种新型文明。”在政治、经济和环境等多重灰暗危机交织影响下的当今，重振、重建英国的任务从未如此紧迫、如此重要。简单地说，这是为争取民主所做的斗争，选举胜利只是一小部分，不经艰苦卓绝的斗争，不能赢得最终的胜利。

致　谢

我记得，新闻业最大的谎言是，文稿是由署名作者一个人完成的。事实上，每个作者完稿，都得到一个甚至几个编辑、事实核查员、专业知识提供者、责任编辑和网页编辑等诸多人的帮助。同时，记者同行、报业同事、朋友和家人等，通过提出意见、建议等多种方式，对作者给予帮助和支持。

这一感觉在我创作本书时尤为强烈，完成一件作品真的需要很多人的共同努力。幸运的是，我的经纪人凯特·艾特肯，让我敢于面对令人生畏的挑战，将最初萌生的出书想法一步步变成现实，尤其是关键性地联系到西蒙与舒斯特出版社的阿萨拉·塔希尔女士。阿萨拉的编辑和建议至关重要，就像副驾驶一样提升了我驾驭写作的水平和成稿质量。感谢由索菲亚·阿克塔尔、汉娜·佩吉特、苏·斯蒂芬斯和波莉·奥斯本组成的西蒙与舒斯特团队，他们让本书得以付梓出版。

作为记者的我，深深感谢每一位与我共事的编辑，这里特别要提到悉达多·马汉塔、蒂姆·施耐德和茹·斯拜思这三位，他们给我机会，让我利用年轻记者的身份，深入思考英国政治并更好地写作，英国媒体似难有这样的机会。尤其是茹，2018 年至 2022 年为《新共和》和《纽约杂志》编辑了我数篇长文，其中之一“世界上最成功政党的肮脏故事”催生了这本书。因为他们，我具备了开始创作本书的条件。

感谢所有同我就本书中有关话题进行谈话和讨论的人，包括那些保守派人士和从事相关研究的人员：雪莉·博尔曼、理查德·布克、约翰·海耶斯、艾米丽·琼斯、查尔斯·摩尔、安东尼·塞尔顿、赛义德·沃西和戴维·威利茨。2022年9月，我赴哥伦比亚大学攻读博士学位，该校的艾拉·卡茨纳尔逊、迈克尔·舒德森、安迪·图彻和纳迪亚·厄比纳提对本书最后阶段的写作和编辑予以了指导，尤其是艾拉读完初稿后还就第三、第四章提出了宝贵意见。佩里·安德森、斯图亚特·霍尔和汤姆·奈恩的作品时常给我灵感和启发。戴维·凯纳达恩、琳达·科利、戴维·伊格尔顿、安德鲁·甘博尔和苏珊·佩得森的历史研究是必备参考。潘克吉·米什拉、阿兰达蒂·罗伊、加里·扬格的文章中有分寸的褒贬和鲜明立场对我影响深刻。

当然，我对本书文责自负，任何的讹误与上述人等无关。

我深深地感恩2021年年初、年底先后过世的祖母奥瑞欧和祖父埃里克，他们以另外的方式给予我帮助。他们给了我对书籍的最初记忆，带我逛高街的水石书店，给我读睡前故事，在墙壁上挂满书架。我将他们住了近60年的乔福镇（Guildford）老家当作一个临时写作点，靠着屋里仅剩的居民——他们的猫Tuppence的陪伴，在伤感而又合适的氛围中完成本书的早期章节。我愿想象，他们借助猫而依然存在。感谢温迪阿姨、罗德和帕特里克叔叔对房子的维护，也祝愿他们在南半球生活得愉快。

不得不提我在伦敦及其附近的朋友阿什·阿提盖奇（别名墨

菲斯)、坚定的社会主义者本·克罗斯、现象论研究者迈特·格雷厄姆、作家们梦寐以求的狂热读者露西·帕克等，同他们长达十年的讨论激发了本书思想的雏形。还有包括汤姆·考克斯在内的其他朋友，以及陪伴我们的利物浦足球俱乐部，那些难忘的音乐、美食和其他文化场所、项目等等，让我永远自豪地将英格兰当作自己的家，尽管托利党国并不在乎我们对她的感情。

我的伴侣、最好的朋友奥莉维亚·海德对我帮助巨大，她奉献的爱、同情心和快乐情绪让日常生活充满欢乐，使本书的写作变得轻松愉快。我们在英国多次讨论本书，在美国共度的时光弥足珍贵。

最后也是最重要的，衷心感谢我的两个妈妈詹妮·厄耳和朱迪·瓦吉克曼，你们勇敢的存在对托利党国是肉中之刺，对我却是一种运气和骄傲。感谢你们的爱、智慧、榜样和所做的一切，我将本书献给你们。